一生太短，卻可以因為旅行活很多次！

上路以後，我決定信仰旅行

林珈辰 文·攝影

卷首──人生，一趟單程旅行

我盤著腿，卻沒有冥想的打算，只是靜靜坐著，任思緒徜徉。夜裡落筆後，隨手沖上一壺茶，見茶葉翩翩起舞又迴旋跌落挨成堆，此時把壺輕輕地晃了一轉，使葉子再度紛飛。緩緩啜入口之際，竟無端想起曾經俘虜自己的茶香，在好多好多地方：衣索比亞喝到滿臉淚痕的肯亞茶，印度幾乎每日一杯溶進紛雜情緒的香料奶茶，玻利維亞高山上那將我從高原反應裡拯救出來的古柯茶，也憶起這些日子以來，如何往背包裡添了想念，又如何在路上拋下感情。

回國後，依舊習慣點開關於旅行的篇章，繼續一個個收進「我的最愛」裡那名為「夢想」的資料夾、分門別類放好，彷彿只要這麼做，就眞有一天會遠行。喜歡走走看看的原因始終純粹，因爲無法忍受生活的一成不變，而旅行正是新鮮事物的湧泉，只要遠行，就源源不絕。

曾在廣播裡聽見這麼一段話：「人生和書有異曲同工之妙。人的出生像封面，死亡像封底，書寫於內的文字和編排其上的圖畫則像一生點滴。儘管無法掌握封面和封底之外甚至內頁的多寡，卻可以決定它是本令人捧腹的漫畫或引人入勝的小說，決定我們要寫怎樣的故事。」翻看過去的文字和照片，簡直不敢相信那已然成爲自己的一部分，像極老奶奶般，可以從腦海裡輕易翻找出千百個床邊故事，說著、說著，還因爲身歷其境而發笑、而喟嘆、而感動淚流。

「十年前被診斷罹癌時，我爲了沒辦法看孩子長大而崩潰大哭。」坐在診間裡一位近知天命之年的婦人，開心地向主治醫師展示兒子的大學錄取通知書。或許因爲鎮日與生命的新生與消逝擦身，我時常忍不住去想生命到盡頭諸如此類的事。當那天到來，是不是刻劃有喜怒哀樂的瞬間

才算得上曾經擁有？總覺得人生，就像一趟邁向死亡的單程旅行，或許把尋覓值回票價的旅行比擬爲追求死而無悔的人生稍嫌誇張，但兩者最終能帶走的，似乎同樣也都只有自己的故事而已。印象很深，有位背包客前輩曾說：「每趟旅行都有一瞬間會變成人生的永恆，而不斷旅行就是保存永恆的方式。」於是我試圖用筆拼湊出過去時光中的自己，希望那些曾經、現在與將來，都能化爲文字深深地沉澱下來，成爲生命裡永遠不會失去的一部分。

又其實遠行本身，並非一件多偉大的事，但遠行的狀態就像鑿開另一洞天光，會與自己不曾知曉的那一面裸裎相見，旅途中那個堅強、機警甚至有點冷酷的模樣，不曉得是因爲獨自一人所必須的武裝，和面對可能的誆騙巧詐而不願屈服的應對，還是那本就是心底眞實的我？越是離開熟悉環境的遠行，向內探觸的靈魂竟越陌生，「哪裡是極限？」很多時候都止不住捫心自問，因爲太害怕一旦遠離了認識數十載的自己，就再也回不去。而遠行本身，也並不會持續得多漫長，但所帶來的撼動卻足以留下印痕，回來後的多數時間裡，竟感受到自己的思路和舉手投足間隱隱然因爲那些走踏過的路而有所不同。相當喜歡作家余秋雨曾下的註解：「旅遊，讓人和自然更親密地貼近，讓孤獨的生命獲得遼闊的空間；讓更多年輕人在遭遇人生坎坷前領略天無絕人之路；讓更多老年人，有權力與自己住了很久的世界做一次壯闊的揮別。」

決定開始旅行以後，我才在如同江河湧動的生命裡，漸漸領略主宰乘浪而行或隨波逐流的自由意志；決定信仰旅行以後，我才懂得遵循內心的聲音，在別人眼裡瘋狂地活著。到地球另一端呼吸，眞是件會令人上癮的事！

目錄 CONTENTS

上路以後，我決定
信仰旅行

3 中國雲南——在世界屋脊上迷路

4 南美洲 巴西、秘魯、玻利維亞——獨行南半球的臺灣女生

5 中東 以色列、巴勒斯坦、約旦——走向信仰彼岸的無神論者

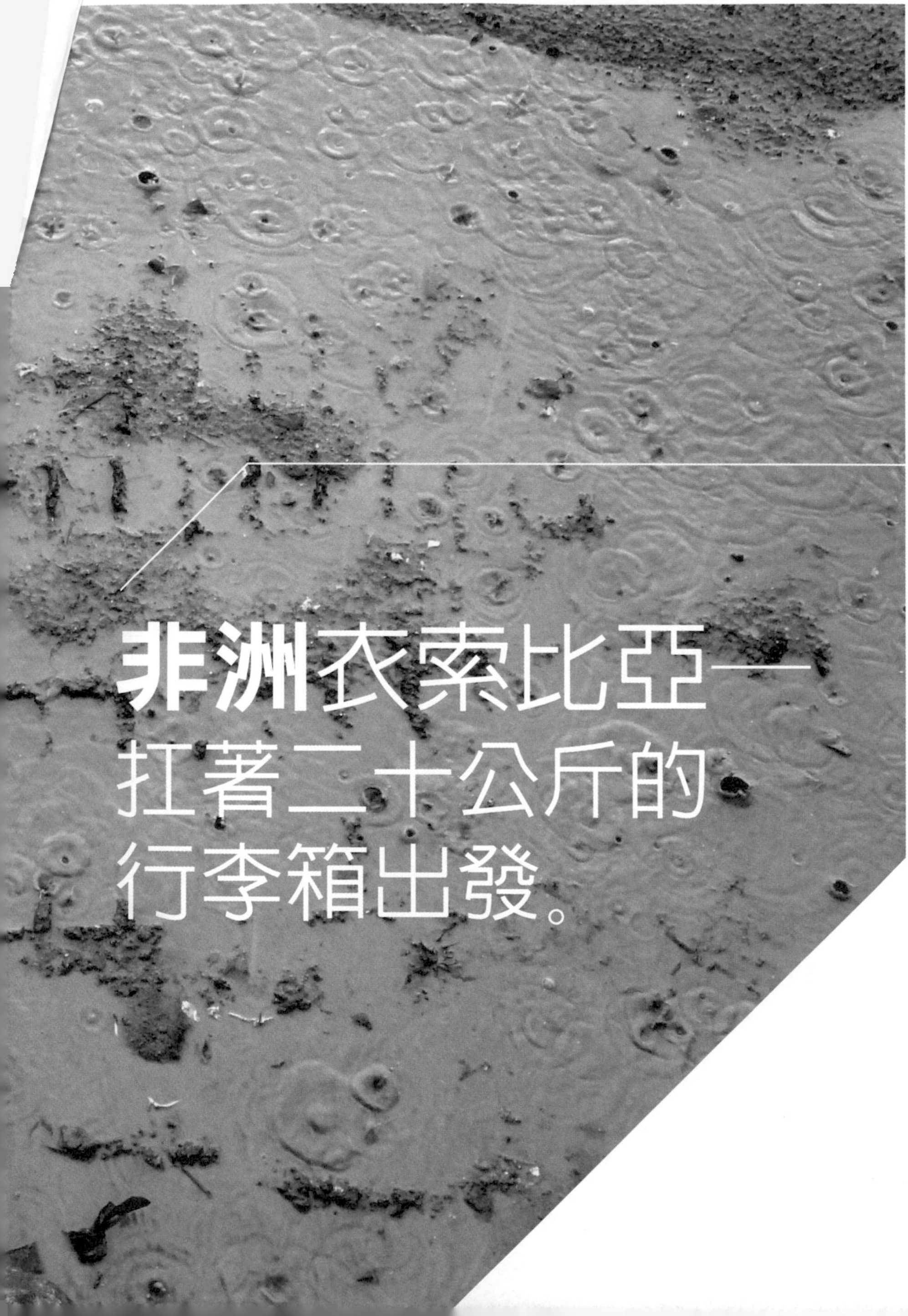

非洲衣索比亞──扛著二十公斤的行李箱出發。

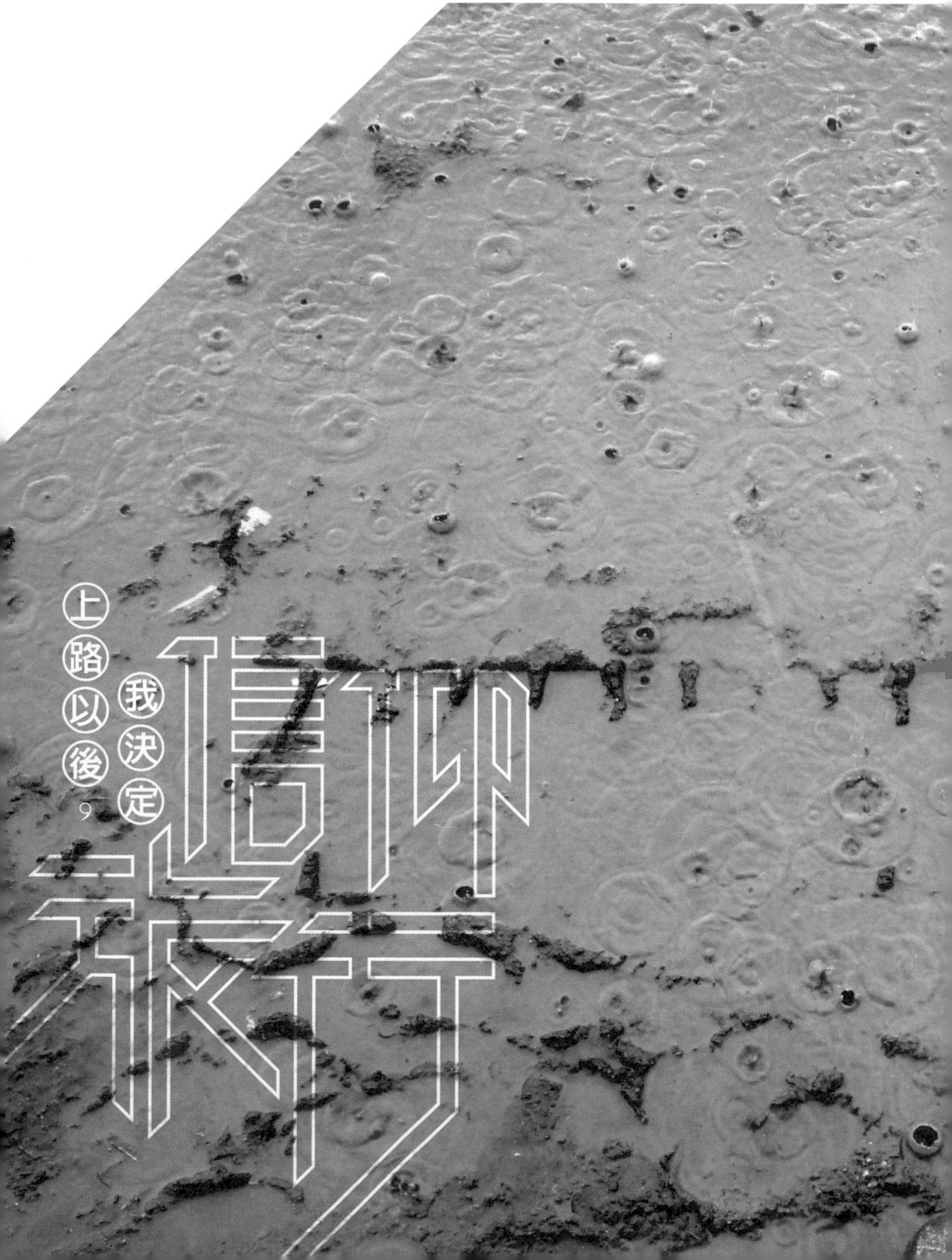

上路以後，我決定
信仰旅行

> I'd rather regret the things I've done than regret the things I haven't done.
> — Lucille Ball

雨，落在擁有十三個月太陽的地方

每回臺北下雨，總覺得依然能聽見衣索比亞的雨聲，那樣深刻。

因爲地處東非高原的緣故，衣索比亞全國平均海拔三〇〇〇公尺以上，一年到頭絕大多數都陽光普照，又因爲它是非洲少數沒有經歷西方殖民的國家，所以十分保護並以自身傳統文化爲傲，不僅有「阿姆哈拉語」這個全世界僅他們使用的語言，還沿用古羅馬時代留下的曆法，十三個月就是這樣被計算出來的。

但，記憶中的衣索比亞總是下著雨的。

三年前，一次交換學生的甄選失利使我整整哭了三天，而想要出去走走的念頭反倒更加波濤洶湧。半年後，幾乎同時接到來自土耳其與衣索比亞的志工邀約，帶著半是不甘示弱、半是賭氣的心情，結束視訊面試沒多久，就毫不猶豫答應衣國。然而在允諾之後，各種擔憂才席捲而來，第一次獨自出國就相中非洲的人大概不多，直到淚灑機場時才體會到自己有多衝動，也正因爲如此，我將所有能讓自己安心的東西全塞進了行李箱，整整有二十公斤重，彷彿這麼做就不會遇到問題。

然而，抵達才第二天，就被迫躲在路旁的咖啡店凝望窗外的滂沱大雨，滴滴答答，像雨不停國，太過甜膩的甜甜圈被咬了一口後擱置盤上，如此泥濘的路和灰濛的天壓根兒一點感動也沒有，我低頭，懊惱地看著雙腳上早已泥濘不堪的球鞋。來到這裡後，原先的認知隨時間一天天瓦解，洶湧襲來的混亂、迷惘和不知所措逐漸令人感到無法招架，但 Nebiyu 和 Leselam 這兩位於衣國認識的朋友，總笑著對我說：「It's a challenge!」在事情不如預期時擁有我所沒有且無法理解的豁達。以爲透過旅行、到另個世界，便可以發揮所有的想像與能量，做些不曾做過及一直想做的事，啓程後，卻開始後悔自己的決定，怪當初把旅行想得太美麗。

一直到三年後，Nebiyu 與我在臺灣相見，並帶來服務的小學裡孩子手作的絲巾當禮物時，才倏忽喚醒那淹沒在意識深處的記憶，和沉睡在靈魂裡對遠行的嚮往，才發覺曾經的哭和笑都太過深刻，原來，我從來也沒有後悔過。

滯留的心

機場於我特別迷人之處，是它不僅滿載擁抱與親吻的情感，還藏有最多相見和再見的故事，而落地窗外頭起降的客機，則帶給熙來攘往旅人時空錯置的想像空間，使人得以沉醉在向西倒轉時光或往東飛向未來的氛圍裡，因此飛機是我除了用雙腳步行外最喜歡的交通方式。但這回搭上衣索比亞航空，卻是與以往經驗迥異、坐立難安的開始。

用袖口抹乾溼漉漉的眼角後，擠過走道上黑鴉鴉的人群，找到在機艙末端的位置，與兩位黑人比鄰而坐，座位有些狹小，我侷促地將雙手收在中間，深怕別人發現自己哭紅的雙眼，只是低著頭，任由濃烈的香水氣味包圍、淹沒。水要喝密封包裝的，那機上的水可以喝嗎？食物要吃高溫烹煮過的，那機上的生菜水果可以吃嗎？甫修完系上的寄生蟲學，本以爲知識是讓自己得以全身而退的利器，這回卻成了提心吊膽的枷鎖，看著兩旁掃空的餐盒，望著雞肉飯的我卻毫無食慾。整夜的擔憂與煩心使我從焦躁變得恍惚，經過漫漫長夜的煎熬之後，才總算降落在灰撲撲的非洲大地。下機後，人潮散去，徒留我一人癡等在行李轉盤旁，直到整理好心情面對行李丟失的事實。原先相信「旅人」是可以更加親近長久居住城市的身分，而「旅行」則是去體驗從沒經驗過的生活，從中發現並喜歡新的自己。然而，當每個「第一次」同時蜂擁而上時，旅行本身竟變得難以招架，一點也不浪漫。

啓程前，透過網路平臺申請了一個在孤兒學校教英文的工作，但在這個號稱擁有三千年悠久歷史而不曾被人占領的古城，英文簡直毫無用武之地，要能維持日常起居就要開口學習說「他們的話」，這使我經常感到寸步難行。每日光是要抵達工作地點，就必須費上好一番功夫，一路上既沒路標也沒站牌，使原本方向感就不好的我更加手足無措。因無統一等車處，故招手上車前，要先豎耳聽清車掌小弟喊的目的地，又因沒有下車的站牌，所以眼前一旦出現熟悉的街景，便要當機立斷向車頭方向大喊「wa re ja le」（下車），才能安全下莊。

此處的大眾交通工具分爲迷你巴士、巴士和計程車，最常見的迷你巴士（九人座小客車）物盡其用一番後，往往可以變成十五人座。車內緊貼的乘客感受著彼此肌膚的溫度，熱氣蒸騰之餘還有汽油味充滿整個車廂，當望向窗外黃沙飛舞的馬路時，還一度以爲置身撒哈拉沙漠逃難的末班車，只能靠此起彼落的喇叭聲來提醒身在何方。行於鋪著整齊柏油的大馬路上，兩旁偏離主要幹道的景色卻混雜著泥淖與土石，又幾步路就是一處工地，當地人說因爲資金不足所以能蓋多少是多少，多數建築都只蓋到一半就戛然而止。我微微挪動身子、勉強擠出空隙好側身向外看得仔細些：油亮黑煙伴隨刺鼻惡臭從一輛輛汽

車排氣管衝出，像極騎在黑色掃把上的女巫，橫衝直撞。這才發現，原來十字路口可以沒有紅綠燈，行車可以沒有安全距離，行人也可以沒有斑馬線，喇叭是唯一的溝通媒介，眼前不斷擦肩而過的車輛與行人，使得在一天之內目睹數次車禍時也不再大驚小怪。至於沿街步行，則隨時會遇見兜售彩券、主動幫忙擦鞋或直接伸手要錢的孩子，又即使沒人開口，也感受得到那來自四面八方、停滯在身上的目光。

生活在只要柏油路出現一處小坑洞就會怨聲載道的臺灣，實在難以理解就算路只鋪一半，人們也來去自如、不以爲意；當全球爲了對抗日益緊張的生活節奏而刮起一陣「慢活」風潮時，不曉得這裡是不是早已蔚爲風氣？我們的「等一下」，是上個廁所都嫌匆忙；他們的「等一下」，卻可以悠閒地去煮杯咖啡再回來，和當地人約好時間，自動延後兩小時以上都算正常，沒錯，兩個小時！這讓一直以來對時間斤斤計較的我感到氣惱又沮喪。

或許，臺北與衣索比亞除了經度上的時差、生活上的時差，還有觀念心態上的時差，這一切都沒有錯，只是發覺自己的心還滯留在臺灣。

難以下嚥的英吉拉

衣索比亞的庶民主食英吉拉（Injera），是苔麩經烘烤再發酵的海綿薄餅，孔洞樣的表面則便於包捲肉醬。初見他人徒手取食感覺易如反掌，直至親手嘗試卻讓肉醬散落整盤時，才發覺自己錯得離譜，最後索性將它撕成一塊一塊，一口英吉拉、一口肉醬。然而發酵過後的英吉拉，特殊酸味實在駭人，初嘗入口之際，整張臉便緊緊揪成一團，從此再不願看它一眼。

餐後，當地人習慣燒上一壺茶或咖啡。不若東方人喝茶的原味，他們總是會加糖，直至杯底形成一座小糖丘；比起甜膩過頭的茶，我則更期待整室瀰漫飽滿的咖啡香，調和柑橘花香與蘭姆酒香的耶加雪菲（Yirgacheffe，衣索比亞原生咖啡豆）深沉內斂，餘韻卻悠長、且恆久不散，即使身爲拿鐵擁護者如我，也禁不住臣服於黑咖啡王國，甘願成爲它的子民。

「生吃牛肉」也是當地風俗之一，是特殊節日才會享用的佳餚。穿梭街上，總能看見商人把新鮮宰殺後、血淋淋的禽畜在店鋪前架成一排，做爲招攬客人最吸睛的招牌，見狀又勾起寄生蟲學的一點印象：生吃牛肉可能感染牛肉條蟲，煮熟才是最佳的食用方式。逛到街尾最後一攤，忍不住問了老闆，結果得到的回答令人出乎意料：「沒錯，生吃牛肉的確會使人生病，所以才要在享受完牛肉的美味後吃藥。」紙上談兵和現實生活原來還是有一段差距。

來到衣索比亞前，這裡才剛通過一條法律：禁止使用Skype打電話，若被發現，恐將面臨十五年以上刑期。據說是政府爲保護國家安全的必須手段，但也有一說是爲了限制言論自由和防止電信事業倒閉。初聞此消息時還頗爲納悶：使用Skype打電話怎麼會被抓到？到了當地才曉得，原來上網

必須到網咖，且美其名叫網咖，也不過是四臺電腦並排在賣影音光碟店裡的牆邊，老闆則有統一監視的電腦，便於以時計價。習慣只要打開電源、敲敲鍵盤，就可以輕鬆被無遠弗屆的網路推向世界最前線的我，當視窗好不容易在八分鐘後跳出來，實在很難不瞪著螢幕上斗大的「The requested page cannot be displayed.」仍心平氣和。

「中國來的？」鄰座的衣國人見怪不怪地幫忙按下「重新整理」後問到。

「臺灣。」但他似乎不太在意我的回答。

「Horny?」起初還不明白這單字的意思，直到他補充到：「東方女人有很多小孩在這。」我便懂了。

當旅途路上始終掙脫不了他人目光，以爲自己已經釋懷，但其實沒有，在稀少的觀光客群裡，東方女性的臉孔似乎不該行單影隻，否則就別具意義。這樣的文化現象我選擇尊重，但不參與其中。搖了搖頭，我起身離開。

那晚，餐廳裡只剩英吉拉，別無選擇。初來乍到之際，行李將我狠心拋下，才發覺被迫隻身降落、卸下一切武裝的自己，根本還未準備好擁抱新的邂逅，幾天生活下來，對非洲的想像更是全面崩壞。嚥著百感交集的淚水，我囫圇吞棗，只想趕緊將酸澀餅皮淋上嗆辣肉醬的複雜滋味吞進肚裡，彷彿只有這麼做，瀕臨潰堤的情緒才得以像英吉拉被消化不見。

誰是老師？

要開始工作那天，和其他三位志工千里迢迢到了學校，發覺不過是個用鐵皮搭建的倉庫，外頭噴漆成綠色，試圖在一片陰雨裡增添活力。這裡專門收容因父母染上愛滋病、發生交通事故或擔不起沉重經濟壓力而被拋下的孤兒，但因師資不足，一到六年級的學生往往被合在同個班級教學，學習效果因此極其有限。抵達時，孩子們正在外頭踢足球，看見我來，不僅毫不害羞畏懼，反倒迫不及待跑來牽我的手，領我參觀教室。

倉庫裡用牆板簡單圍出的隔間便是教室，空間不大也沒有黑板，為數不多的課桌椅散落在泥地，還覆了層薄薄的飛灰和泥沙，張貼在牆上以英文註解的心臟循環圖則是先前志工所留下的。踩著因雨季而泥濘的地板到了另間教室，牆邊的櫃裡堆有一些捐贈的玩偶、文具及簡單的醫藥用品，此時，牽著我的男孩指了指他手上的一處傷口，仔細一瞧才驚覺它正在冒血，見狀的第一個念頭竟是擔憂男孩身染愛滋病的可能，在對自己當下反應感到錯愕的同時，只得趕緊從醫藥箱裡拿出消毒的藥水和OK繃，試圖掩蓋驚慌。

不久，男孩抱來一個鐵琴和一只玩具吉他要求合奏，我驚訝地看著他、疑惑地想：少了三個鍵的壞鐵琴和斷了一根弦的爛吉他？頓時，在他熱切的眼神裡，突然明白富足從來就非金錢的數目或全身的行頭，而僅僅是種知足的心態。握著男孩的手敲起〈小星星〉旋律，儘管琴聲不太準確，他仍興奮地直嚷著要再來一遍。之後，走向外頭的轉轉椅和小溜滑梯，一旁的孩子立刻圍聚過來，示意我一起上去玩，只見上面鏽蝕得厲害，那還是六個年級共同僅有的遊樂設施。於是當下，我情不

自禁地將男孩抱起並奮力高舉，好讓他體驗大怒神自由落體的驚險刺激，只因那是小學畢業旅行時最難忘的一刻，若他們知道，會不會羨慕或者嫉妒呢？男孩又笑了，笑得好燦爛，不假思索地給出答案，而且純粹得令人沒有丁點懷疑的成分。

「Addis. Ababa.」跟著男孩複誦衣索比亞的名字，「Fresh flower」在向我解釋完名字的意思後他咧嘴而笑，乳白小牙襯著可愛的黝黑臉龐，彷彿爲盛開的鮮花下了最佳註解，這是他教我的第一個阿姆哈拉語。儘管只是初次見面，儘管他們的小手根本握不住我的，孩子們卻早已用熱情將我緊緊擁抱。當天離開學校時，我已學會許多新的遊戲，既不必開啟電源安裝軟體，亦不需跑到遊戲店購買紙牌道具，只消一雙手腳便可

以玩得不亦樂乎。事情開始超乎預期，甚至背道而馳：我教孩子說英文，他們卻教我人生大道理；以爲這裡的人民拚命追求進步的物質生活，殊不知他們擁有遠遠超越我的富足心靈。離開臺灣前，曾自許爲印象中的苦難非洲帶來些許幫助，抵達衣索比亞後，不禁對自己陷於過度自信而不自知的天眞啞然失笑。

下課了，和孩子臉頰碰臉頰道再見時，發覺他們才是老師。

人不會沒事就變得勇敢，直到勇敢是唯一選項。

—黃于洋《路過：這個世界教我的事》

混著淚水的肯亞茶

室友 Kevin 是從肯亞來衣索比亞工作的年輕人，幾個晚上下來我們變得無話不談，生病後，他一直相當關心我。有天，和 Kevin 聊到非洲醫療資源缺乏的問題，他說：「非洲的問題不是醫學落後，是好不容易養成的醫生都離開，結果變成一位醫生要負責的病人非常多，相對弱勢的病人便無法得到醫療資源。」之前都不知道是這樣。

而他也反問我：「因爲民風和致力保存文化的關係，這裡比鄰國肯亞落後了快三十年，並不是個觀光方便的地方。妳爲什麼要來衣索比亞？」以爲自己來得理直氣壯，卻一時語塞答不上來。衣索比亞的愛滋病盛行率排名非洲前位，決定來到這裡，是以爲已將自身內心的不安藏得妥貼，卻每每在看見孤兒學校裡孩子手腳上的刮傷、劃傷，需要趕緊爲他們包紮時，再也無法忽略心裡不斷盪起的迴聲：當對孩子的擔憂其實交雜著害怕時，在醫學極限面前，我是不是辜負了成爲醫療工作者的初衷？

「喏，肯亞茶，趁熱喝吧。」見我沉浸在自己的思緒中，Kevin 從床沿把杯子遞上來，而我幾乎拿不穩，一半是上吐下瀉讓身子虛弱無比的緣故，另一半，則是淚水讓視線失了焦。「謝謝你。」勉強擠出氣音，或許他沒聽見。

我輕啜一口，一直知道肯亞與印度、斯里蘭卡同爲世界三大紅茶產地，沒想到初嘗入口，卻因混雜情緒而掩蓋掉它的香醇滋味。我不甘心，又飲了一大口，嘗試專注於那味道，的確濃郁，然而溫潤的茶香還停留在舌間之際，反胃的感覺卻再度襲來，我連滾帶爬地下床，到了廁所又是一陣狂吐，跌坐在地上，我大哭，勇敢碎了滿地。

那天，被帶去當地的診所看病。

空蕩的診間裡不見電腦或任何電子儀器設備，僅擺著一張辦公桌和兩把椅子，男醫師抬頭端詳我因腹痛而扭曲的面孔，簡單問診後，便引我到另一診室由女醫師進行腹部觸診。爲了排除瘧疾的可能，抽了一管血做抹片。望著那只針頭，忘了確定它是否爲全新，光是看驗便器簡單清洗後回收利用的過程就看呆了。坐在顯微鏡前的醫師盯著鏡頭一陣子後，拿起抹片揮了揮手，示意我去櫃檯領藥，診所看病到此算是

告一段落，然而回去之後，我卻一直沒有好起來。

記得上學期，抱著極端煩悶的心情，聽講臺上老師滔滔不絕述說感染寄生蟲帶來的嚴重後遺症。「若只是單純想去見識，大可不必自討苦吃、自找罪受，妳還有很多選擇。」、「若害怕造成身體難以挽回的損害，或遭遇其他意外事故，就不該冒這樣的風險。」儘管耳畔不斷響起語重心長的提醒，如果相信自己能順利歸來，這樣的行為就可以被准許嗎？抑或只是太過天真的表現？經過幾日的天人交戰，攤開世界地圖、闔上，然後又再攤開，也試圖從前輩的遊記中覓得信心卻空手而歸，決定去或不去，突然變得好困難。如果勇氣在跨越某條界線後就是愚昧，那麼現在的我究竟站在線的哪一端？

而今，自以為的獨立被狠狠賞了巴掌，碎裂的勇敢把心劃得斑駁，用改期的回程機票將脆弱的自己打包、返臺維修，就在幾乎要放棄的時候，沒來得及再勇敢一點。離開時，每走三步路就要停下來坐在背包上喘息，飛機廁所旁的角落是我瑟縮七小時的地方。當初不顧勸阻、執意申請衣索比亞的志工的人是我，現在決定放棄、提早回來的人也是我，羞愧、丟臉、失望把自己團團包圍，使得失敗無處躲藏。

有一種堅強是承認自己的脆弱，但回來後好一陣子，我都堅強不起來。

「人生中，得到的都是禮物，失去的都是體悟。」這句話要一直等到兩年後，在秘魯機場等待回臺班機時才真正懂得，從沒想過自己會再有獨自一人踏足他鄉的能量，我想，如果沒有這個獨闖非洲的經歷，我也不會沒事就變得勇敢。或許，人生的各種經歷都有價值；或許，有些事就是注定要發生，遇見不如願、需要回到原地時，要懂得欣賞那裡的風景。

臺北的雨聲依舊，卻總依稀覺得可以聽見衣索比亞的雨聲，甚至開始能在雨的喧嘩中覓得一份寧靜、倚窗賞雨，彷彿還在雨的另一頭，賞見朦朧但有了全新輪廓的自己。

的確曾經這麼解讀：原始、貧窮、醜惡，那個在腦海裡令人感到難受又望之卻步的地方，如今掙脫了偏狹知識的束縛、向外跨出熟悉卻窄小的舒適圈，才逐漸明白她是如何用其獨特的方式向我闡述文明、富裕與美好。衣索比亞給了我獨自一人在異鄉的寂寞，卻也教我緊握孤獨帶來的一切美好緣分；給了我探索未知大陸的恐懼，卻也教我駕馭情緒的亂流，並振起勇氣所賦予的翅膀而飛；給了我對耐心和忍受限度的種種挑戰，卻也教我找回生活中遺忘已久的單純可愛。這麼走一遭後，心裡的一塊東非高原還在，關於衣國的記憶也都還鮮明。

不知道那裡的雨是否還下著？你們，都好嗎？

印度

十三個城市——兩件衣服與兩條褲子的三十天。

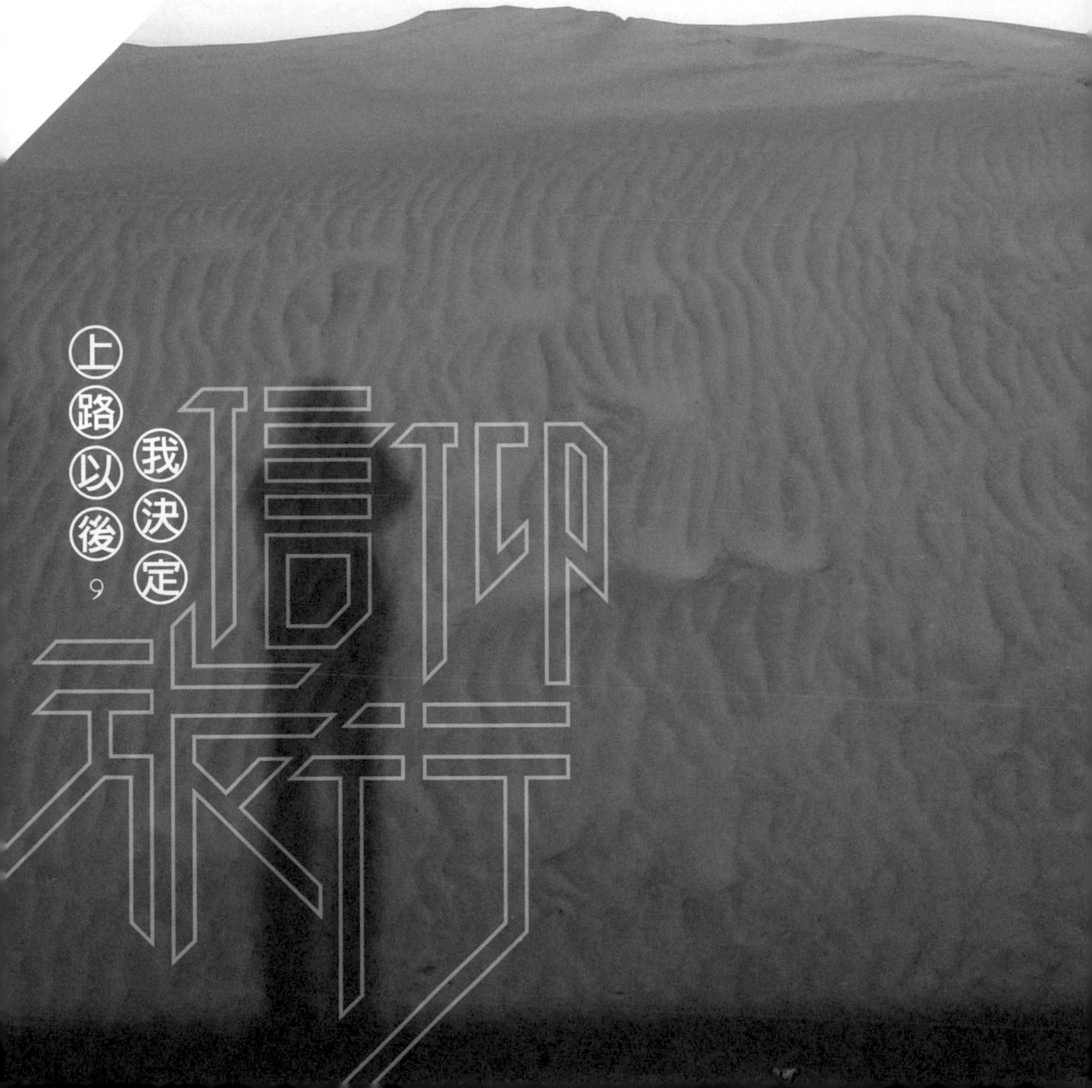
上路以後，
我決定

把平安捎過孟加拉灣

儘管聽說了再多關於印度的事，印度依舊有本事超越你的想像。

抵達旅程第一站加爾各答的那晚，碰巧遇上旅人較多的日子，我們沿 Sudder 街走，好不容易才找到有空房的 Hotel Paragon。

「因爲知道你們來印度都會帶自己的鎖，所以我們不提供鎖囉。」老闆得意地咯咯笑說：「這樣你們也比較放心嘛！」自備鎖的確是新手遊印度的注意事項之一，但如此率性的回覆還是令人有些不知所措。跟隨老闆的腳步鑽入旅舍長廊，推開一間雙人房叫得吱吱嘎嘎的門，映入眼簾的是寬度恰好就只容得下兩張單人床的方正格局，極其簡單的空間陳列比想像中還更貼近「家徒四壁」，當看見房裡牆邊被塗鴉上「Everything is possible.」的字樣時，實在對如此與衆不同的開端感到啼笑皆非。安頓好後，飢腸轆轆的我們便到外頭轉角處的餐廳，迎接此行的第一頓印度咖哩。

服務生熱情地指向菜單上每種咖哩劈哩啪啦介紹，起先還試圖緊抓理解範圍內的字詞，隨後卻仍滅頂在一片茫茫的印度英文海中，最後送上餐桌的竟是一道甜咖哩！聽懂印度英文的竅門是在幾天後才漸漸抓到。印度人說英文時有可愛的捲舌音，但擺放重音的位置卻時常讓人摸不著頭緒，句中還喜歡用單字集合成自創片語，當講話速度快又沒有停頓時，我往往需要在對話中穿插嚷嚷著「Again, please!」，有時更不免要比手畫腳、搖頭晃腦一番。

走進印度街頭總可以見到滿街散落的垃圾，轉角處的垃圾堆更是遠近高低各成一落，儘管聚精會神想避開腳邊的垃圾，有時不得已還是非得踩過去才有路可走，整天下來簡直費盡心神，最後折衷的辦法便是學習視若無睹，與其對印度斤斤計較，大而化之才有走遠的力氣。這裡的交通雖比衣索比亞來得有秩序些，卻也不遑多讓，當各種交通工具全擠在同條馬路，加上恣意穿梭在車陣中的人群時，車速永遠都快不起來。去過印度的人，也一定會對他們任何事情都用按喇叭來表示的習慣印象深刻，舉凡催促、警告、打招呼，總喜歡採用「逼、逼、逼、逼、逼」連續按的招式，使馬路上充斥此起彼落、震耳欲聾的喇叭聲，路旁還因此立了「勿按喇叭」的告示牌，但看來沒有任何成效。

儘管隨時代演進，使用靠引擎發動的嘟嘟車來載客在印度越來越普遍，在加爾各答街頭，還是可見大英帝國時期留下來的交通工具：以雙腳作動力的人力車（Richshaw）。自近二十年前，政府便不再發行合法的牌照，因此現今街頭可以見到的人力車伕通常都是年紀較長的伯伯，相信任誰看到這些頭髮斑白、骨瘦如柴的車伕拚命拉客的景象，一定都會於心不忍，但對車伕來說，或許比起這樣的惻隱之心，搭他們的車可能更實在些。準備離開加爾各答、

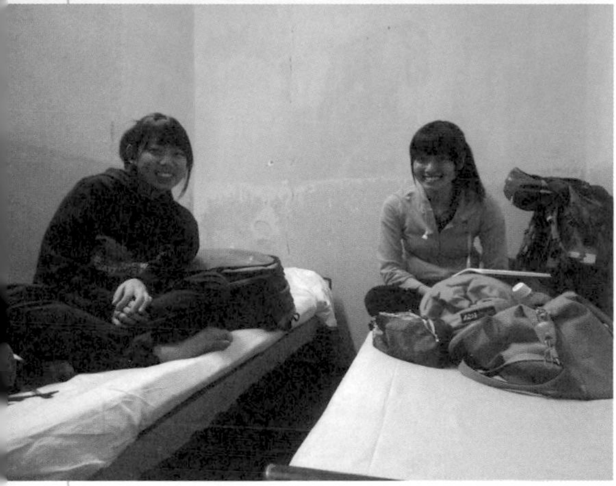

前往霍拉車站的這段路上所搭乘的人力車，是我們的第一次，卻也是最後一次，因為實在無法注視這樣的背影太久。

而在搭乘巴士和火車時，身旁乘客有時會出其不意、「很好心地」從我手中拿過垃圾，並以迅雷不及掩耳的速度向外一扔，接著嘴角上揚、露出滿意的微笑，趁尚未回神的當下，同時宣判我也是造成環境髒亂的元凶之一。於是，當路上冗長的車陣和印度十二億人口交會，各種動物又同時齊聚街頭時，如此熱鬧的密度不僅散發蒸騰熱氣，更要習慣由排泄物、街頭垃圾和車陣黑煙所混合而成的特殊氣味。當第一次用衛生紙清理再也忍受不了的搔癢鼻孔，並黏取出黑得發亮的汙垢時，還一度納悶自己何時流了鼻血？然而這一切，都還只是個開始，先進與傳統，富人與窮人，外在的紛擾與內在的平靜，極大的反差在一路上帶給我的衝擊不斷。

那晚，躺在 Hotel Paragon 的床上，決定來印度的那段日子一直歷歷在目。

「嘿，明年一月去加爾各答的亞航機票在特價，一起去如何？」

「好啊。」自助旅行經驗豐富的妳豪爽地答應。

肯定的回覆和確定送出的衝動，一個月的印度之旅就這樣拍板定案。一年前為了申請印度志工卻因未成年得不到家人同意的簽名而大吵一架，而今剛滿二十歲的我仍賭氣像個孩子，豪氣地用戶頭裡僅剩的寥寥存款來證明自己有多想去。想去歸想去，家人知道那天，傷心極了。就在出發前一個月，印度新德里發生的巴士集體性侵案震驚全球，引起舉國抗議與國際的強力譴責。「不要去了好不好？」那天在電子信箱裡發現這封我媽寄來的信。

一直以為若要對這短短一生有所交代，就該任何時候都願意放手一搏，去做自己想做的事。然而隨著年紀增長，我逐漸發現一切並不如想像中容易，如今的歲數不僅不容許逃避責任或滿不在乎，還要懂得察言觀色與社會現實，然而明明希望自己不要成為自私、妄為又獨斷的人，這回啓程前不久才告知爸媽的行為，卻又似乎與之背道而馳。《論語》裡「父母在，不遠遊。遊必有方。」琅琅上口，刊登在書籍雜誌上「人生只能活一回」的聳動標題又每每吸引我的目光，當「為什麼要去？」這個問題在耳邊接力轟炸，當「不孝順」或「自以為」這些尖刻的形容詞被強加在身上時，我越來越不懂什麼才是對的。

「媽，我答應妳會每天傳簡訊報平安，答應妳我會平安回來。」當時避重就輕地回信。抵達印度的第一晚，躺在床上按下傳送簡訊的按鍵，履行把平安捎過孟加拉灣的承諾。究竟要孝順，還是做自己？即使是出發後的現在，也還是沒有答案。

病倒在德蕾莎修女之家

記得喜歡看偉人傳記的那段時間，印象最深的就是在非洲奉獻大半輩子的史懷哲醫師，和終其一生爲窮人奔走的德蕾莎修女，因此在來印度前，就打定主意要去德蕾莎修女之家做志工。

在她的默禱文裡有段話：「窮人餓了，不僅只希望有一塊麵包而已，更希望有人愛他；窮人赤身露體，不僅希望有人給他一塊布，更希望有人能給他人應有的尊嚴；窮人無家可歸，不僅希望有一間小屋可以棲身，而是希望再也沒有人遺忘他、對他漠不關心。」自西元一九四八年起，修女致力爲加爾各答街頭「窮人中的窮人」服務，並成立仁愛傳教修女會，至今會院已遍布全世界。

仁愛修會底下共有七個機構分布在加爾各答裡，爲人所知的垂死之家（Kalighat）只是其中的一個，想從事志工活動者，可依意願選擇服務時間和地點。抵達印度的第三天我們前往報到登記，並選擇擔任孤兒之家（Shishu Bhavan）的志工，這個機構裡的孩子大多失去了獨自行動的能力，只能依賴志工、當地看護和修女的照料。

隔日清晨抵達德蕾莎修女之家時，門外已聽得見彌撒禱告的聲音。八點整大門敞開，魚貫走入的志工有來自世界各地的面孔，最後擠滿了整個廳堂。我默默望著他們，想像每個人背後究竟帶著怎樣的理由，讓我們在這裡齊聚一堂？

在孤兒之家，早上主要是上課與團體活動，下午則較多自由活動的時間。妳被安全帶綁在躺椅上，口水沿嘴角流下到了圍兜兜，我輕撫妳稚嫩的臉龐，想知道妳腦海裡的天地，更期待能得到一點點回應；你在地上努力試圖向前爬行，卻因爲有半邊的手腳無法跟上節奏而一下子就失去平衡、

往旁邊滾了一圈，扶你起身，一次又一次仍徒勞無功；你們總是會像搶寶座般、爭相坐進我懷裡，當朝你扮起鬼臉，你會開心地咯咯笑，逗弄另個小朋友時，你則會發出伊伊啊啊的抗議，想再度引起注意；握著妳的小手隨音樂打拍子，卻因爲妳的手臂太過僵硬，以致於時常會漏拍。整個早上，見年幼的你們被迫要面對生命中的不完美，是多麼不簡單又令人心疼。反觀自己不僅手腳健全，衣食無虞，成長的過程還有愛長伴左右，既不用害怕孤獨、更不必擔憂挨餓。作家張曉風曾說：「人很賤，不經比較，就不知道能自行吃飯、自行上廁所，就叫幸福。」而我簡直比幸福還要多太多了。

大概因爲拉了太多次肚子，近中午時分，我感到渾身虛弱，已沒力氣再接下個顧小孩的任務，將門掩上後至階梯角落屈膝而坐，緊閉雙眼試圖忍住肚子的翻滾劇痛，從旁經過的一位修女拍拍我的肩膀問還好嗎，沒想到一抬頭，眼淚就滑落下來，裡面的小朋友若是知道，大概會笑我這樣就哭吧。修女帶我下樓，給了些藥，「這些抗生素很有用，很快就會沒事的。」她摸摸我發燙的額頭，請我先在辦公室裡休息。待志工活動告一段落，旅伴跑來找我。

「嘿，妳怎麼了？還好嗎？」妳很擔心。

「嗯，不太好。」知道這種話最容易觸動淚腺，我別過頭去，也不知道自己什麼時候變得這麼愛哭。

「那我們趕快回去休息。」妳收拾了桌上修女給我的藥，背起包包，攙我回去。

那晚又跑了幾趟廁所，已經不需照明就可以穿過長廊、精準對到馬桶所在的位置。昏沉之間，想起在衣索比亞時的脆弱。沒有照顧好自己之前，要如何照顧別人？那些各方捐助的藥物，本不是要給我的，尚未準備好的結果，就是不僅沒幫到忙，還給人添了麻煩。夜裡，被慚愧壓得喘不過氣，在床上翻來覆去、再也沒睡著。

「我們不做偉大的事，我們做快樂的事。」這是從每位志工熱切的眼神裡所透露出的信念。大學時期曾有段時間參加服務性社團而去桃園復興的奎輝部落，期間，總在思考我們的存在或出現對部落而言的意義，然而與他們相處越久，才越發覺自己的闖入有多麼魯莽，才越懂得謙卑，或許，身爲一位志工最困難的地方，就在於要如何從一個外來者的角度，知道當地眞實的需求，光有一份熱忱往往是不足夠的。我也不禁自問：難道，來到這裡終究只是爲了滿足自己一探究竟的好奇心？還是覺得能在感嘆彼此生命景況的反差之下投予自以爲是的慈悲？身爲短期志工的我，沒有受過專業訓練，不只需要花時間適應這裡的制度、環境和小朋友的狀況，小朋友也必須忍受我的笨拙和水土不服。若前去做志工的原因有部分是爲了滿足自己的私欲，那麼其實還有很多種方式，不必到這裡干擾他們的生活。

對於加爾各達這塊土地上的人了解太少，短暫的停留像則笑話。德蕾莎修女之家發給志工的紀念徽章自此一直被擺在桌前，銀閃閃的，成爲從此以後的警惕。至今，仍舊會想起孤兒之家的小朋友緊握著我的小手，及那些凝視我的水汪汪大眼，而經常會有「啊，眞幸福！」的想法。

「能夠相信的是，各色各樣的人背負著不同的辛酸，在這深河祈禱的光景。」美津子內心的語氣不知何時轉為祈禱的語氣，「河流包容他們，依舊流呀流地。人間之河，人間深河的悲哀，我也在其中。」

—遠藤周作《深河》

跟著恆河一起醒來

源於喜馬拉雅山脈的恆河，自印度北部綿延流向孟加拉灣，孕育了古文明發源的豐饒之地，印度教徒相信這條河是溼婆神頭髮上的水滴落腳邊後匯流而成，溼婆神是印度教三大主神之一，因此恆河成爲他們心中的「聖河」。十來個祭祀用的河壇（Ghat），分布在恆河畔城市瓦拉那西（Varanasi）的岸上，回顧印度教徒的一生，在四件對他們而言很重要的事情中：敬仰溼婆神、到恆河沐浴並飲用聖水、結交聖人朋友和曾經居住在瓦拉那西，就有三件事情必須在這裡完成，因此成就它「聖城」的名號。

我們往恆河中游的舊城區走去，狹窄的巷弄裡藏著密集的民宅、店家、旅舍和市集，還有滿地成堆的垃圾。穿梭在宛如迷宮般的巷內，或拐彎、或拾階，或與迎面而來的健壯牛隻在巷道裡擦身，或駐足驚嘆一處柳暗花明的風景，迷路在瓦拉那西的巷弄裡竟成了一種樂趣。這裡旅舍很多，其中看得到恆河的房間需要付較高的價錢，我們既沒預算，也被絞痛的腸胃搞得沒什麼心情，尋尋覓覓、一番折騰後，倒在Puja Guest House的床上便昏沉睡去。

每天早晨都會被「便意」喚醒的時光，實在不怎麼值得回味，尤其在半夜，也會因爲肚子又突然一陣翻攪，而必須狂奔去廁所。每個在恆河畔的旅舍裡蹲馬桶的清晨，我起得比許多教徒都早，想來好笑，那時我也跟著教徒祈禱，只是祈禱的是馬桶裡的排泄物能早日成型。

隔天，爲了趕在日出前一睹恆河甦醒的模樣，在天還未亮之際，就步入深藍色天空和昏黃路燈相互輝映的河岸，此時，許多印度教徒也已經開始往河壇聚集，我們便跟隨加入第一道曙光劃過河面的等待。對他們來說，一生之中至少要有一次到恆河沐浴、淨身，而且死後若能在恆河畔舉行火葬並將骨灰撒入河中，則今生無論做了任何事，靈魂都可以得到解脫、輪迴轉世。當天邊漸漸透出微光，他們開始雙手合掌，口中念念有詞，緩慢一步步沿著河壇的階梯向下走入河中，把身體全部浸泡在清晨冰冷的河水裡，一邊沐浴，一邊虔誠祈禱。我們靜靜在一旁望著教徒佇立在河裡交錯地彎腰、起身，同時對他們能在如此神聖的時刻包容我們的打擾，深深感激。

當穿過髒亂擁擠的街道來到平靜的河邊，喧囂都被遺忘在後頭，河水混濁，卻乘載如此純淨的信仰，在恆河面前，竟不明所以地流下淚來。當對時時刻刻都超載的聲光色感到身心俱疲、還在尋找擁抱印度的方式時，這條悠悠大河已將我所有的情緒隨水流淌到遠方。

於是往後那些天，我們都在河畔跟著恆河一起醒來。

站在岸邊向北方望去，那不斷有黑煙裊裊升空的地方就是瓦拉那西火葬場：擺滿薪柴的河壇二十四小時不間斷地進行焚化遺體的儀式。走近些一探究竟，焚燒木柴的刺鼻氣味以及漫天飛舞的灰燼迎面撲來，刺激得讓人直掉淚；印度的空氣中永遠瀰漫各種獨

特味道，而這些味道竟成爲日後回想起她最直接的方式。

當晚，我們還遇上獻給聖河的祈福儀式：Puja 夜祭，印度人會放水燈到恆河上祈求平安。河壇上站成一排的祭司隨銅鈴的節奏歌舞，祭臺前方的燈火斑斕而炫目，周圍煙霧繚繞，樂聲、人聲交錯成熱鬧非凡的河岸，一旁的恆河則更顯神祕。盞盞漂在河面的水燈聚成祝福的洪流，映襯岸上祭典的高潮，我們決定乘一葉扁舟，隨船伕划槳，浮沉在一片波光粼粼的漣漪中。人們倚賴河流而生，撫摸河流而死，宛若我們隨恆河醒來，然後今晚，一同睡去。

當夜祭的火光漸漸熄滅，回到旅舍的時間也有些晚了。儘管已經抱著要洗冷水澡的心理準備，但脫去衣裳後在淋浴間瑟瑟發抖時，扭開水龍頭前還是忍不住祈禱今晚能有熱水。「天啊，是熱的！」當掌心感受到那貨眞價實的溫度時，我忍不住驚叫出聲。站在龍頭下讓水從頭頂穿過髮梢，沿身軀往腳下流，感覺身上每個毛孔都在熱氣形成的白煙裡慶祝這場奇蹟的發生。潺潺水

聲，像天籟。

因為涓滴熱水而覺得開心，甚至滿懷感激？

有句話說：「我們的煩惱和唾手可得的一切，可能是他們最遙遠的奢望。」直到看見外面的世界，才驚覺當生活中許多熟悉的事物不再，世界上沒有一件事情是理所當然，只是我經常忘了。深怕那份幸福流失得太快，於是伸手把水轉小。回臺灣後，我有了不時洗冷水澡的習慣，除了懷念那晚的熱水澡外，也怕自己太快忘記「珍惜」這件事。

旅行，就是離開熟悉的地方，然後不一樣地歸來，我好像有點懂了。

沙賈汗，你寧願聽任皇權消失，卻希望使一滴愛的淚珠永存；沙賈汗，你用美誘惑它，使它著迷而被俘，你給無形的死神戴上了永不凋謝的形象的王冠。

靜夜無聲，你在情人耳邊傾訴的悄悄私語已經鐫刻在永恆沉默的白石上。

—泰戈爾

愛情的模樣

泰姬瑪哈陵建於十七世紀中期蒙兀兒王朝的首都阿格拉（Agra），是當時的統治者沙賈汗遵從愛妻蒙泰姬瑪哈遺願所蓋的陵寢，融合印度、波斯和伊斯蘭風格，以白色大理石爲基礎，嵌入來自世界各地五彩繽紛的寶石，耗資數千萬盧比，徵召了兩萬多名工匠，完成這座舉世聞之震驚的建築。

懸掛在售票口上方的牌子清楚印著票價，敬告外國人在一睹泰姬瑪哈陵的風采前，必須先掏錢買上一張硬是比當地人貴上三十五倍的門票，雖心有不甘，但千里迢迢來到這裡，豈有此時賭氣被擋在門外的道理。然而儘管過去時常嚷著有天一定要造訪這個神奇之地，眞正抵達門前時，興奮和雀躍在心裡騷動，不可思議的感受卻讓腳步遲滯，爲了這天的到來，我們還特地換上在瓦拉那西裁縫店裡買的印度沙麗。深吸一口氣後，方才跨門而入，當陵墓的圓頂在彼端閃耀，當看過不下數百次的圖片躍然眼前之際，原來，一切如夢似幻的美好都是眞的！

走至泰姬瑪哈陵前，要先經過由水道、噴泉和矮樹交織而成的蒙兀兒大花園，其結構發想正是來自《可蘭經》裡的天堂樂園。以主陵爲中心切割的軸線，使眼前景觀呈現完全對稱的造型，行走其間，都會覺得自己似乎破壞了那個完美平衡。環繞陵寢的四座高大塔樓，分別向外微微傾斜，讓它們在遇上地震時就只會向四方倒下，據說，那是沙賈汗愛妻心切，唯恐地震陵塌時會壓傷蒙泰姬瑪哈。主陵兩旁還各有一座清眞寺，以紅砂岩爲底，綴以白色圖紋，建造的理由全然是對稱之美的考量；陵寢後方則有護城河圍繞，上頭瀰漫一片霧靄和雲氣。

朝它慢步走近，見雪白大理石外牆上，布滿花葉浮雕和藤蔓刻飾；見每道拱形門上，拼綴無數流光溢彩的寶石，而陵前水塘中的倒影，好似貫徹平衡對稱的理念，兩座泰姬瑪哈陵就這樣互相輝映。仰望愛情，這或許是個太哀戚的角度，但它直搗靈魂深處的美，卻令我倏忽明白印度詩人泰戈爾爲它寫下盛讚詩篇的原因。

進入主陵前，必須脫下鞋子或穿上鞋套，沙賈汗與蒙泰姬瑪哈的冠塚石被安放在陵墓內部，當外頭的光線透過大理石鏤雕而成的窗格、映照在屏風上精雕細琢的花紋時，彷彿這段忠貞不渝的愛正熠熠生輝。依傍在蜿蜒流淌亞穆爾河（Yamuna）南岸的泰姬瑪哈陵，會隨一日光影的變化播映彩色童話。日初時分從旅舍的樓頂眺望，遠方的它帶有晨間微光的暖金黃色；佇立陵寢前，大理石白在陽光的折射下變得透亮，耀眼得令人不敢逼視；傍晚夕陽斜照時，晚霞餘暉中的粉紅與橘黃調和成暖色系的漸層，像披上華美的紗麗般搖曳生姿。多麼風姿綽約的淚珠呀，連哀戚的姿態都如此惹人憐愛。爲了愛妻的遺願大興土木、勞民傷財，又爲了憑弔愛情而無心國事，實在有失一國之君的風範，然而，一段曾經傾頹殞落的歷史，卻換來一世癡情的美名和建築史上誦讚不朽的傳奇。昔日的阿格拉城因它而陷落，今日的阿格拉城卻因它享譽國際，絡繹不絕的朝聖者似乎冥冥

中在爲沙賈汗平反。

與泰姬瑪哈陵隔河相望的阿格拉堡，被高牆及護城河環繞，在這裡，尋得到沙賈汗深情的證據。兒子篡位之後，將沙賈汗軟禁在兩公里外阿格拉堡的八角塔裡，此後八年，他只能每天透過小窗，悽然遠眺在河裡浮動的泰姬瑪哈陵倒影、追懷愛妻，甚至到晚年已經無法起身時，仍舊躺在床上藉一顆寶石的倒影憑弔愛情，直至逝世。最終被葬在陵寢內的愛妻身旁時，才總算有了浪漫結局。相較於泰姬瑪哈陵的驚天動地，阿格拉堡反而以其沉潛內斂的姿態，突顯出它令人動容的一往情深。

漫步在百年的歲月之中，不知道印度的空氣是否長年都如此灰濛，讓從八角塔遠眺河對岸的視線模糊不清？還是，那終究是愛情的模樣？

印度論壇上曾流傳著一句打趣的話：「只有被印度選上的人，才有機會踏上印度。」

—船橋彰《印度以下，風景以上》

當人性不再值得相信

「火車沒位置了。」、「沒聽說公車很危險？眞的不要搭。」、「這個包吃包住的套票眞的很划算，而且保證安全。」坐在德里（Delhi）旅客服務中心的職員使出三寸不爛之舌，就是要我們買他讚不絕口卻價格不菲的觀光套票。

「可以請你告訴我們公車怎麼搭嗎？我們會在白天搭，會很小心。」「只有觀光套票。」職員語氣強硬，不高興全寫在臉上。我們不願放棄，跑到火車站試圖再問一次，但賣觀光套票的人好似無所不在，竟攔截在先、跟站務員耳語，之後又再度向我們推銷，「觀光套票很划算喔！火車沒位置了。」既然辯他不過，只好不服氣地離開，如此官官相護的情節簡直荒謬至極！我爲這件事氣了整整一天，但也發現自己變得越來越沒耐性。旅途中，竟開始害怕自己會變得性情乖戾，忘了爲人的寬容。

在印度搭車，司機習慣開出天價，最好的方法是搭車前先詢問當地人，估好公里數、了解行情。但他們也相當隨興，有時答應的價錢，下車前又瞬間漲了價，有些還會跟你搏感情說是「Indian Price」，起初還能把跟司機討價還價視爲一件趣事，但到了旅程中後段，我們都累了。掙口飯吃爲什麼需要靠占小便宜？爲此我們義憤塡膺。但若對他們而言是有著要讓家人溫飽的壓力呢？「砍價」這件事，究竟是我們太小氣？還是他們方式錯誤？這個困擾隨著時間在心中發酵，到最後，只要能走到的，索性都用走的了。在印度練就了一身砍價絕技，實在不知道該得意還是難過。旅途中，竟開始害怕自己變得錙銖必較，忘了為人的善意。

嘟嘟車司機攬客的方式是先跟你閒話家常，然後駛車以龜速相隨，遇過最有耐心的還一起共行了十多分鐘。記得那天是個悶熱難耐、令人口乾舌燥的天氣，豔陽下，我不只汗流浹背，更止不住被點燃的爆烈情緒，凶狠地瞪了那位跟在身旁不斷說服我上車的司機一眼，並大聲喝斥一聲「No」，後面的「thank you」理所當然地省略。然而，話一出口的當下，卻被自己給嚇傻了，望著司機悻悻然離去的背影，全無一絲勝利的喜悅，反倒很想衝上前去搭車。旅途中，竟開始害怕自己變得固執又尖銳，忘了為人的敦厚。

在印度旅行的日子裡，我一度以為那些美好人性都不再值得相信。每次的人性衝撞後，仍舊努力想為一直信仰的價值高歌，只是越來越害怕自己眞實的模樣，其實一點都不美好。我想，若只與印度相處一個禮拜，它很可能會是個令人憤怒、不解和充滿矛盾與衝突的問號。這裡滿街濃濃的「生活」氣味簡直令人喘不過氣，每天都是一種練習：練習怎麼生活。糾纏不休的掮客及無止境的來回議價，漫天讓人只想掩住口鼻快步走過的塵土飛揚，令人心煩氣躁、繃緊神經的汽車喇叭聲不絕於耳，還有讓人困惑不已的街景：蜷曲在人行道中央也可以睡得香甜；路邊搭建小帳篷成為日常起居的所在，絲毫不在意路人眼光（但其實也沒人在意）；乞討的手、無所事事的人和賣力工作的身影形成極為不協調的畫面，當推銷拉客的人不斷上前，或許這一切都是為了生活，卻仍忍不住覺得擾人甚至憤怒。

一路上，總不乏對我們伸出援手的好心人，是比手畫腳也要確定你知道路了才滿意的熱情，但同時也有再也不願遇到的差勁之人，費盡心力討好卻只是爲了想多撈一筆的勢利。若印度人知曉「殺價、小心被騙、不要亂搭理人」被寫在旅遊書的教戰守則裡，不知道會作何感想？如今從加爾各答一路走到了齋浦爾（Jaipur），還是不禁爲這種扭曲的文化模樣感到惋惜。這片大地在古文明光輝的照耀之下，孕育了多少動人的磚瓦建築和美麗故事？明明有滿街最燦爛的顏色和舌尖最精采的味道，卻夾雜一種無法言喻的感受在其中，像極了「Masala」（印度混和香料的泛稱），一種複雜而難以用單一形容詞詮釋的氣息。

尚未習慣異鄉的腸胃和心境上的疲累，令人覺得太陽高掛在日升與日落間的軌跡彷彿拉得特別長，一個月的時光才走了快一半。至今，我依然無法肯定地說出喜歡這裡，也從沒想過這躺旅行會這麼不同，既沒有過去的依依不捨，也沒有用不完的微笑和好心情。印度被稱作「背包客的終極聖地」，意味旅人可以在這個國度裡看盡一切精采，但朝聖同時所要面對的劇烈變化與高風險的挑戰，才是「終極聖地」的眞正意涵，每度過一個晚上、多到一個城市、甚至多搭上一段長途火車，感覺只是終於又過了一道關卡的鬆一口氣。

如果我是被印度選上的子民，爲什麼至今還不能懂得擁抱印度的方式？臺灣的美好在在牽動我想家的心情。

印度呀，與你的緣分就到這了嗎？

枕著沙丘，以星海為被

從印度西北往更接近日落的方向去，我們搭著一輛破爛公車前往別名「黃金城市」的齋沙默爾（Jaisalmer），一路顛簸了近十四小時之久。

因爲新聞裡駭人聽聞的公車事件而決定捨棄夜車，選擇花上一整個白天搭乘長途巴士，一路上十分幸運沒遇上擁擠不堪的混亂或是不禮貌的騷擾，只有窗外不時伸手招呼叫賣的小販。在車上見日出又日落，追著日頭的軌跡向西飛馳，穿越不知名的城鎮，見荒漠把窗景塡得越來越滿。豔陽下完全反光的店家招牌、滿身黏膩的汗水溼透衣服、漫天飛沙和點點低矮的灌木叢，都告訴我沙漠就快到了。

印度最大的塔爾沙漠（Thar）位於拉賈斯坦邦（Rajasthan），沙漠中央的齋沙默爾則是昔日往來沙漠的駱駝商隊中途休憩的重要驛站，儘管在大航海時代來臨後，因失去絲路的地理優勢而逐漸沒落，如今仍憑藉著沙漠小鎭的特色在觀光景點裡自成一格。初抵齋沙默爾，放眼望去的建築盡是一片芥末黃色，在陽光下搖身成爲一座座金黃碉堡，再襯上或紅或綠的旗幟布條做爲牆面的點綴，搭配花卉植栽和遮陽大傘的布置又各見巧思，整城洋溢著濃厚的沙漠風情。城區裡有相當多提供兩天一夜 Camel Safari 的旅行社*，許多遊人和我們一樣遠道而來就是爲了這個經典行程，根據書裡的描述：駱駝伕領著遊客在沙漠緩步前行，夜裡則躺在沙漠上數著滿天閃亮的星群，那是忘不了的風景……。而我早已迫不及待。

如今，若是問起最喜歡的印度城市，我還是會毫不猶豫地回答齋沙默爾。

---

* 有機會到齋沙默爾嘗試 Camel Safari 的人，誠心推薦 Satyam Tours。

一早，原本預計同車的西班牙夫婦沒來，我們於是有了專屬導遊，當坐進在印度兩週以來第一次有窗、有門、有空調的轎車時，竟為此感到興奮莫名。沿途順訪了郊區的吉普賽村落，在約莫一小時後抵達荒原邊境，此時，三隻蜷跪地上的龐然大物扭過頭來和我們面面相覷，濃密的翹眉，橢圓長的臉，還有無時無刻都忙咀嚼的嘴，與駱駝的初次相見就迷上牠們逗趣的模樣！下了車，兩位駱駝伕Jalad和Ali分別只有十八歲和十歲，早已打包好要在沙漠度過一晚的行頭，微笑向我們招手。食物、鍋具、被毯和兩大桶水全被捆成一落綁在駱駝背上，當時還沒發覺額外鋪在座架上的兩層棉被，是接下來顛簸的預告。

在一望無際的大漠中，散布著零星的灌木叢，偶而會遇見結隊奔馳而過的羊群，剩下的，就只有三隻駱駝串成一列投映在沙丘上行走的影子。騎上駱駝，屁股總是沒法安頓在位置上，我死命緊抓座架上的小木樁，擔心隨時會被甩落到大漠中；騎上駱駝，身子可以體驗沙丘的三倍起伏，上坡時會被切割成兩三個步伐，以俯衝和急停的循環姿態上升，遇見下坡時小跑步帶來的劇烈晃動，則只能使盡力氣用雙腿夾緊駱駝，感覺哪怕是一恍神，就有前撲後倒的可能。兩個多小時的路程，怕嚇著駱駝，只能用眼神無聲吶喊。

「Lady, good?」Ali很盡責地不斷確認我們一切都好。

「Ahhh.」駱駝每跨一步我就跟著顛簸一下，只得全神貫注在被手心汗水浸溼的握把上。

「Like it?」Ali追問。

「Yeah.」儘管是第一次騎駱駝，不知哪來的自信覺得一定會漸入佳境。

「Camel. Run?」此時 Ali 竟提出驚天動地的提議。

「NOOOOOO!」我大叫，像遇到世界末日般，他靦腆地笑了。

抵達中午休憩的樹蔭後，Ali 和 Jalad 撿了樹枝，又蒐集了些駱駝乾糞當燃料，熟練地生起火來，沒多久就端出兩杯熱騰騰的印度奶茶，大塑膠罐裡的水用罄後，就從一旁不知道來頭的井水裡撈。等待兄弟倆準備午餐的空檔，聞香而來的黑臉山羊用無辜的眼神盯著我們喝茶，似乎也想分一杯羹，駱駝則咬起高處的葉子，塞入嘴裡嚼個沒完，牙齒嘎嘎摩擦的聲音大到像在宣告全世界牠的午餐有多美味。不久，兄弟倆就已張羅好午餐，是印度烤麥餅（chapatti）加蔬菜蘿蔔馬鈴薯，Jalad 要我撕起麥餅的一角，沾裹攪和入咖哩。「印度人相信食物是神聖的，在進食過程中唯有親手觸摸、嗅聞、揉捏、感受它的溫度，才能享受食物真正的美味。」印度人喜歡用手吃飯眾人皆知，但實際來到這裡，才發覺除了路邊攤之外，印度餐廳幾乎都備有刀叉，真正用手吃飯的機會其實少之又少，沙漠裡，這還是第一次。即使過程

中咖哩總是不斷從沒有包覆好的餅皮裡掉出來，弄得雙手相當狼狽，但最後 Jalad 問到好不好吃時，我還是忍不住吮起指尖殘留的咖哩味道。

在沙漠睡上長長的一個午覺後，我們繼續向今晚休憩的基地前行。咻咻的風吹起黃沙的陣陣漣漪，泛著波紋的沙漠宛若廣袤無邊的海，於上起伏的沙丘如拍打的海浪，我們越過一個又一個浪頭，在駱駝伕的帶領之下，緩緩走向沙漠深處。

抵達基地時，主人已經在那了，頭頂褐色小圓帽，留著八字鬍，一襲率性的白衫再罩上一件灰色披風，看上去相當有個性，問完我們打哪裡來後便熟練地說了聲「你好」，從小就在沙漠裡討生活的他們，並無受過正規教育，但招待各國旅客的日子久了，也趁機學會多種語言。此時，駱駝伕已於一旁開始忙碌起來，他們用枝柴生火，邊哼歌，邊切菜、捏麵團、烤薄餅，同時間，白飯也在另一鍋裡燉煮著。見 Jalad 徒手搓揉著麵團，再擀開成一張張麥餅，放到鐵皮上烤一會兒，手工現做的印度烤麥餅就大功告成，他問是否想試試看，我興致勃勃地說好。

沒多久，主人就催促我們趕緊到沙丘上等待日落，同時要來相機、猛按快門，想替我們留下沙漠夕照的剪影。在一望無際的大漠裡，觸目所及就只有此處由粗樹枝架成的基地，天地間生命的存在終究如同蜉蝣的感慨不禁油然而生，在感嘆滄海一粟的同時，那些悸動與震撼卻讓心胸寬大了。日落漸漸染紅了雙眼，夜空也點燃了群星，最後索性坐到沙丘上放空，等待黑夜連同沙漠將我們吞噬。那晚，我們在沙漠上席地而坐，就著火光吃晚餐，不知道是不是親手做的緣故，麥餅吃起來特別有嚼勁。飽餐一頓後，Jalad 隨手抓起一把沙、和著一點點水充當洗碗精，就往盤子抹去，示範他們如何清潔使用過的鍋碗瓢盆。中午飽餐一頓後倒頭就睡，現在才看到驚爲天人的清潔祕方，不禁低頭爲好不容易停止腹瀉的腸胃默哀三秒。

如果就地取材是沙漠的生存之道，那麼隨遇而安大概是旅人無往不利的最佳攻略吧。

善後快告一段落時，角落竟隱約傳來抽泣聲，這才注意到 Ali 在哭。「這個城裡很多人從小就必須離開家裡，學習 Camel Safari 的能力，因爲對他們來說，這是個很不錯的工作。」主人拍了拍 Ali 的肩，向我們說：「可能是看見妳們，就想起他的家人吧。」我們於是上前給了 Ali 一個很大的擁抱。

十歲的我，在做什麼呢？掐指一算，還在上小學三年級。

這片沙漠，對我而言可能只是在這度過兩天一夜的新奇經歷；但對他們來說，卻幾乎就是這輩子爲了生活而不得不來去的天地，我們帶著多麼不同的命運擦肩而過？夜裡的沙漠，只有不遠處偶而傳來的駱駝喘息聲與腳步聲，駱駝伕和我們相依偎在沙地的三張大被子上，驟降的溫度因爲彼此的體溫而不再那麼難受。滿眼裝不下的星空，在眼底斑斕，都暈出了光芒。一旁熟睡的 Ali，稚嫩臉龐裡有著同齡孩子所沒有的堅毅，若沒走到這裡，我想，我永遠不會知道有一群人在這裡多麼努力地生活著。

如今，每回想起那些在世界各地努力生活的人們，都告訴自己也要更用力得活著才行。

火車一路向南

幅員廣大的印度，擁有總長超過地球周長近兩倍的鐵路網，將風情萬種的各個角落連接在一起，成爲維繫這個國家的交通命脈。城市與城市間的移動以十個小時爲單位做計算並不稀奇，搭乘火車因此成爲庶民最常用的交通方式，而利用夜車在夢裡穿越大城小鎮更是背包客移動時的首選。在一個車站裡，往往要擠滿十幾個月臺才勉強應付得了衆多旅客，尤其在交通樞紐的大車站，肩上的背包因爲望不見盡頭的月臺顯得更沉，爲了搭一趟車，常必須在複雜的指標間穿梭，與忍受移動時的摩肩繼踵，而弄得滿身大汗。

離開久德浦爾（Jodpur）那天，我們提早抵達火車站，好整以暇準備搭往孟買的夜車，車站裡來來往往的印度人或站、或坐、或躺，有的獨自一人翹腳讀報，有的一家大小席地而坐野餐起來，衆生百態，連車站也是縮影。

直到出發時間近了才驚覺事態不對，癡癡望著看板卻怎樣都等不到要搭的班次。機警的旅伴匆忙從站務臺跑回來，上氣不接下氣：「火車更改出發月臺了，不在這個車站！」當下立刻拎了行李向外狂奔而出，連殺價都不再堅持，隨意選了臺嘟嘟車，催促司機狂飆往六公里外的車站。

「怎麼會這樣都沒通知？」

「他們說有，用印度文寫在櫃檯旁的小白板上。」

「天啊！」印度式的無厘頭出牌始終令人摸不著頭緒。

後來學會一到印度車站，就先在跑馬燈看板上看好乘車月臺和到站時間，若遍尋不著，則要和站務人員確認再三，預留好時間給意外發生是在印度旅行時的必要事項。

印度火車會誤點這件事遠近馳名，從幾個小時到以天計算都是家常便飯，此外還有個相當有趣的特色：火車到站時車上從不廣播，也無人報站，月臺的站名告示更是非常不顯眼。問印度人怎麼知道到站了沒有，「看時間。」一個令人捶胸頓足的答案！因此即使是坐長途夜車，還是要按照車票上打印的時間起床。爾後搭乘火車第一件事就是和左鄰右舍套好交情，因為他們永遠是最可靠的情報員。

印度火車採實名制，在每節車廂外頭都貼有旅客名單，待火車啓動後，列車長會沿車廂逐一核對證件與車票進行檢查。而長程臥鋪火車分爲空調車廂（Air-conditioned），及無空調的硬臥鋪（Sleeper Class）和座席（Coach），從可以上鎖的獨立包廂到一個隔間擺上六個無簾睡鋪，除了票價上的差異，車廂內的人口組成也看得見社會階層。作家舒國治曾寫到：「眞正有美的意味的長旅中，應該有艱苦、有飢餓和乾渴，有襤褸和盤纏罄盡。路線應該是底層民衆的活動線，旅行的方式應同他們謀生的方式一樣。」旅行，對我而言某部分的意義就是說他們的話、過他們的生活，所以毫無猶豫就訂了平民車廂。兩排相對的上、中、下三層鋪位，在白天時，大部分的人會坐在下鋪，中鋪的床會收起來，到了晚上才變成三層睡鋪，其中，我特別偏好上鋪，有點私人空間，卻又不至於孤僻，唯一的缺點是它的高度不夠直起腰桿。這趟旅行期間，總共坐了五次火車，每趟都是十小時起跳，最長的一次還曾花了二十三小時才抵達目的地。

在往孟買的夜車上，我用大衣包裹自己，試圖抵擋從車窗縫隙間灌入的冷風，想把窗戶關緊些，卻又苦於空氣中瀰漫的鞋襪味道，索性攤開睡袋（在如此狹小的空間，攤開睡袋的決定實在令人猶豫再三），最後將整個頭埋入睡袋當中，試圖抵擋此起彼落的鼾聲。

「Chai? Coffee?」響亮的聲音迴盪在車廂裡。

隔天醒來，發覺自己汗水淋漓，火車在軌道上前行發出的隆隆聲規律依舊，太陽已經高掛在車廂外頭。攤販的叫賣聲從上車到下車從沒間斷，從月臺上一路喊到火車裡，賣水、賣茶、賣咖啡，挑著大籃子賣花生、賣炸物、賣便當，應有盡有。「Chai? Coffee?」提著小茶壺走來走去的小販比鬧鈴還準時，而且有防貪睡功能。

斑駁的杆柱、鏽蝕的窗戶，地上偶而還見得老鼠橫行，積滿厚厚一層灰的陳舊風扇在頭頂無力運轉，吹不散車廂內隨日頭漸晒而生的悶熱，我躺在自己的鋪位上瞪著天花板發愣，試圖透過減少移動來降溫，車廂內有著沙漠般的日夜溫差，只差沒有駱駝商隊。躺久了，肚子竟餓得咕嚕咕嚕叫，於是端詳起走道上鋪的男子剛從小販手裡接過的一盤圓形炸物。

「You want?」他突然放下報紙看著我，嚇了我一大跳，連忙道謝說不用。「OK. OK. No problem.」他馬上又向小販買了一盤遞給我，「Eat. Good.」。

後來和這位大叔聊起天來，發現他是南方大城科欽（Kochin）的商人，經常往返孟買，這次是要回去參加女兒的畢業典禮，下鋪一位年紀稍長的伯伯則是他同行的朋友。隨著火車行進一站又一站，彼此用有限的單字有一搭沒一搭地聊，窗外的大廈建築漸漸被綠意取代，暖風吹進車廂，彷彿還有點海的味道。

午餐時間，儘管一再婉拒，他仍堅持請我們吃雞肉炒飯便當，還喝印度奶茶。

「Taiwan. Good friend.」他呵呵笑。

「India. Good friend.」我跟著他一起咧嘴笑開懷，同時，也好像從笑容裡找回了些什麼。

有人這樣描述印度火車，「搭乘長途火車，就像長時間待在社區裡，讓你和許多人混雜在一塊兒，順便發展出一段友誼。爲了殺時間，大家還會打牌、說說故事。到了晚上就睡在臥鋪，這更像和一大群人家共同生活。」特別是硬臥鋪車廂，就像把印度的日常生活完整複製到車廂上播映。每個人帶著自己的故事，因緣際會搭上同班列車，即使無法決定會遇見怎樣的人，卻可以欣然接受陌生文化的邀請，於是一天天行駛在軌道上的火車，載著人與人間擦出的美麗火花。

若「擁擠、危險、骯髒」是印度火車扯不掉的標籤，那是因爲我們心中都有一把尺，比如拿它與臺鐵相比，那根本就是秩序和環境皆不合格的糟糕程度，但老實說，印度人的熱心、友善與好客，才是會讓我一再踏上「Sleeper Class」的原因。

極端之間

擠過洶湧人潮，步出維多利亞火車站時，我們決定只在孟買短暫停留一個白天。

維多利亞車站擁有經典歐式建築的哥德尖頂和精緻的外牆雕花，可說是印度最繁忙的火車站之一，名字的由來是爲了紀念英國維多利亞女皇登基五十周年，儘管在印度獨立後已經更名爲 **Chhatrapati Shivaji**，當地人還是習慣用舊名來稱呼它。

佇立街頭，看著大量黃頂黑身的計程車來回穿梭，取代原先充斥大街小巷的黃色嘟嘟車，一時間還不太習慣。當穿過南端海灣阿波羅碼頭旁的印度門，走抵泰姬瑪哈飯店時，我止不住對著來往行人的樸拙裝扮，與飯店富麗堂皇的強烈對比發愣，儘管一路從北邊來到南方，卻始終還是覺得無法看盡印度全貌。擁有超過百年歷史的泰姬瑪哈，堪稱印度最負盛名的飯店，即使住一晚就是上萬元的開銷，還是不乏總統、影星等名人指定下榻，然而自五年前成爲恐怖分子的攻擊目標後，進出都需要通過安檢，旅館四周也是戒備森嚴。既然沒機會成爲房客，只好厚著臉皮做個到此一遊的訪客。我們跟著人群通過安檢門、進到飯店大廳後，坐在高級沙發上舒展疲憊的雙腿，並趁機環視周圍垂墜的水晶燈飾及豔麗的花卉植栽，使人冷得發顫的空調和優雅的氛圍，與飯店外頭形成截然不同的兩個世界。

飯店的洗手間更是令人吃驚，上完廁所出來，已有服務生開好水龍頭，並拎著一捲衛生紙，待我洗好手後遞上，一輩子也沒上過這樣奢華的廁所。據說，飯店創辦人因爲曾在赴歐洲時受當地人歧視，因而決心回印度創建一棟更加氣派的飯店，泰姬瑪哈飯店便成爲印度人維護民族自尊心下的

產物。但一步出飯店，又是那個熟悉的印度，有小孩會伸手跟你要錢的印度。

世界上最爲人所知的貧民窟除了巴西里約，大概就是印度孟買，貴爲印度最富有的城市之一，卻同時擁有規模龐大的貧民窟，躍身金磚四國的風光背後，是貧富差距日益擴大的悲歌。前些年轟動一時的電影《貧民百萬富翁》，即是述說一位出身貧民窟的街童，一路過關斬將成爲百萬贏家卻引來衆人質疑的故事，自以爲印象裡的貧窮、擁擠和骯髒，是不是其實在那個被遺忘的角落裡，還有更多不曾爲外人理解的樣子？去貧民窟一探究竟的想法竟有太多雜質，使我不得不停下腳步。

富貴與貧賤、華美與醜惡、新穎與陳舊、眞誠與欺瞞，這就是印度，總是過分誠實地呈現這個社會眞實的兩極樣貌，令人不知所措。又其實，同時存在兩種極端的社會舉世皆然，只不過印度毫無矯飾地袒露一切罷了？一再上演的矛盾、衝突與反差，日復一日困頓旅人的知覺感官，無關負荷、全盤奉上，在這樣的日子裡，實在難以心平氣和。一直要到旅程後段參透印度式兼容並蓄的奧義之後，我才逐漸懂得釋懷。

怎麼又是咖哩？

這眞是個天大的誤會，其實印度遠不只咖哩而已。

論及印度的包羅萬象，以服飾爲例，從紗麗、頭巾到披肩，不僅色彩鮮豔亮麗、款式多變，且甚少能尋得重複花色，更遑論歷史悠久的民族交融與文化共存是如何繽紛。至於食物，身爲美食擁護者的我，自從捱過腹瀉那一週、在沙漠裡胡亂吃也安然無事後，吃，簡直成了在印度最回味無窮的邂逅，值得特別爲它留下一個香味四溢的章節。

印度綜合香料「Masala」，是混和薑黃、肉桂、茴香、荳蔻、丁香、辣椒等辛香料調配而成，也是印度咖哩的眞正名字。每回路過街頭的攤子，那些五顏六色的香料總是美得令人駐足。在香料調配上，不同省邦或村鎮則各有配方，南北也大致區分得出差異：北方喜歡加入口感溫和的堅果和奶油來增添香氣，到了溼熱的南方則偏好濃重的辛辣味道。

北印的名菜之一是那串在大鋼叉上、放入坦都窯（Thandoor）烤到香脆多汁的坦都里雞，在加爾各答的第二天，爲了一訪號稱有最道地坦都里雞的餐廳，在巷弄裡千迴百轉後才終於在一個轉角二樓找到它，烤雞被端上桌的那刻，四溢的香氣令人食指大動，一口咬下，肉嫩多汁的幸福感瞬間在舌間蔓延開來。至於南印，則以椰奶、綠辣椒等燉煮的魚、蝦、蟹爲主角，有些河邊的住民會將食物放在芭蕉葉上裝盤，和米飯徒手抓食，稱作「Sadya」，在喀拉拉邦特別多。最經典的印度餐則首推「Thali」，是在大圓盤上載著數個裝有各色咖哩的小圓矮杯，搭配盤中央的餅或飯，可以一次嚐盡多種風味，雖也遇過都不合口味的窘境。

烤餅種類更是讓人眼花撩亂，有的摻點香料、夾馬鈴薯餡，有的塗上奶油或配上醃製的蔬菜辣椒醬，還有包著扁豆、薄荷葉、菠菜的，有些吃起來口感似煎餅，或膨起來像泡芙、咬下去卻酥脆像個手掌大的洋芋片。除了餅，印度人也吃飯，而印度常見的香料飯（Biryani），帶有臺灣炒飯的親切卻又自成一番風味，那滋味就連在瓦拉那西腹瀉期間，都要點上一盤解饞。它不是把熟飯和料丟下鍋炒，而是要先將香料與蔬菜或肉共同醃上一天，再用奶油、薑黃和米粒一起煎到橙黃色，身為炒飯愛好者的我對此簡直毫無招架之力。此外，還有另種類似的炒飯叫鹹飯（Pulao），差別在於它不加薑黃粉。

當各種味道在味蕾上爭奇鬥豔，香料與食材在舌尖上歌舞，有時衝突，有時卻意外契合，在印度吃飯，簡直像場華麗的冒險。飯後，服務生定會送上一盤搭配小白方糖的茴香籽，使結尾一口清新。

許多印度人基於宗教信仰原因茹素，因此補充蛋白質最好的方式就是靠奶類，而印度兩大國民飲料又恰好都與奶有關。其一是早晨、飯後、午茶都要來上一杯的香料奶茶（Masala Chai），它是在紅茶葉裡加入研磨成粉末的薑、荳蔻、肉桂、丁香等香料，再調和牛奶與糖沖煮而成，烘焙過的茶葉與香料的香氣交融出的芬芳，使人在啜飲之際，耳邊彷彿會響起那些在街頭巷

弄、火車廊道此起彼落「Chai? Coffee?」的叫賣聲；其二，則是我情有獨鍾的酸甜滋味 Lassi，別名酸奶，有原味或各式水果口味任君挑選，口感濃稠時嘗起來像融化的優格，稀釋過的喝起來則像奶昔，據說它有強壯旅人腸胃道菌叢的功效，能夠避免水土不服的腹瀉，每日一杯的理由於是更加理直氣壯。又其實這裡的酸奶並不貴，適合隨時來上一杯，尤其在嘗過口味濃烈辛辣的印度菜後，或走了一段混亂燥熱的步途裡，一杯冰冰涼涼的酸奶實在頗具撫慰人心的功效，於今衆多的手搖飲料裡，我仍然念念不忘它獨特的身影。

記得從久德浦爾往孟買，足足坐了十八小時的火車直到筋骨僵硬、屁股發麻，跳下車後，熱風襲面而來，第一件事便是買杯鐵軌旁小販的現榨檸檬汁消暑，從車站至市中心後，又在街頭買了炸得金黃酥脆的咖哩角（Samosa）。「喝非瓶裝水」及「吃路邊攤」是來印度以前被警告絕對別做的事；其實來印度前，被再三叮囑不能做的事情可多了：「印度人都不懷好意，千萬要提高警覺，不要隨便相信別人。」、「印度人都精打細算、反覆無常，自己要多留心。」、「印度窮困又落後，到底爲什麼要去啊？」殊不知，一些善意的叮嚀很可能來自過度渲染後的道聽塗說，其實，街頭咖哩餃的美味，才是我真正想告訴即將前來印度旅人的訊息。

當我從北邊一路吃到南方，從餐廳吃到街頭，從腹瀉不止吃到百毒不侵，味蕾的印象都深化成記憶，在腦中勾勒出一幅印度全圖，於是吃的滋味，隨入口當下相伴的人與時空，成爲生命裡一處處獨到的風景。

來過的人才會懂

記得在腹瀉不止、情緒極端低落的那週，偶然遇見一位背包客如此分享：「印度要從南到北玩上去，才有緩衝適應的時間。」我懶洋洋地靠在躺椅上，與停在桌角處的一隻大烏鴉四目相望，腿上擱著看到一半的小說，南洋的暖風吹得人昏昏欲睡。此時才終於明白他話裡的意思，南方的印度簡直不像印度，總要被成群在沙灘上漫步的牛隻提醒時才會猛然回神。越往南邊走，旅行的步調越來越慢，這幾天吃飽了就窩在位置上打盹，醒著時也只是吹著海風、或到沙灘上信步慢走。

印度西南方的果亞（Goa），與一望無際的阿拉伯海相鄰，又同時被山脈和高地環繞，渾然天成的港口使葡萄牙人曾在十六世紀為了香料貿易來此建立殖民首都，至今走在街道上，路旁的門牌都還保留有經典的葡式風格。在那由椰樹和沙灘揉合成的金黃色海岸線上，散落了一個個享受日光浴的背影，亦點綴不少

漆上鮮豔色彩的棚屋，而此處更是嗜吃海鮮者的天堂，舉凡螯蝦、螃蟹、魷魚、牡蠣，皆是餐桌上一道道令人嘗過便鍾情的美味。這個被歐美人士視爲「度假天堂」的地方，每年總吸引無數人潮。

日落時分，大小沙灘都擠滿前來欣賞落日的人群，幾個在樹棚下歇息的年輕人邀我們過去一起聊天喝酒。於是我們把酒，以夕陽餘暉相佐，印度人愛聊天的個性讓話匣子一下子就打開，他們接連問起我們從何而來、要往哪去，提及旅程將盡，便熱切問到是否下次還來？這才知道原來喜不喜歡印度對他們來說至關重要。隨著桌上一罐罐接連空掉的印度啤酒Kingfisher，才依依不捨地把話題帶到尾聲。當晚告別了果亞後，隨即搭上火車一路向南，因爲據說在距離南方喀拉拉邦首府不遠處的科瓦蘭（Kovalam），有個印度最美的海灘。

印象中家鄉的北海岸總是陰雨灰濛，海面時而平靜無波、時而巨浪翻騰，暗潮洶湧的面孔始終高深莫測，因此一直以來，我並沒那麼留戀海濱。但旅行就是這樣奇妙，曾經遠離再回來，宛若在原先的印象裡注入一番新的風景，如今竟也會望著繾綣浪花出神。科瓦蘭的海灘是質地細緻的沙岸，上頭散載著打魚人拖網牽罟用的謀生器具，以及透露觀光客蹤跡的衝浪板和巨型遮陽傘，它最著名的地標就是一座矗立在山巔、紅白相間的燈塔，因此又被稱作「燈塔海灘」。那天我們爬上它後，便坐擁了整個下午遼闊一片的碧海藍天。

而在喀拉拉邦眾多出名的海灘中，燈塔海灘正是傳說中阿育吠陀療法最早的啓蒙地。「阿育吠陀」指的是遠古以來在印度流傳的傳統醫學，強調透過飲食及生活作息的調養，並配合冥想、瑜伽、按摩、薰香等療程，協助身心靈恢復平衡狀態。因爲停留的時間不夠參加完整的瑜伽課程，因此決定在離去前隨意挑家店，體驗一小時的阿育吠陀按摩，這種源自南印的按摩法有至少三千年的歷史，像瑜伽一樣普遍，是印度的國粹之一。步入陳設簡單雅致的室內，難掩第一次體驗按摩的緊張，侷促地與我的按摩師打招呼，爲了維持受按摩者必須一絲不掛的傳統，她要求我褪去所有衣服後才開始在背部滴抹上精油，之後邊向我說明，邊順著氣脈流動方向緩慢推壓，按摩過程中的手勁渾強綿密，但也溫柔得像有靈魂，使緊皺的眉頭得以漸漸舒展，緊繃的情緒也得到緩解，在滿室薰香裡的一個小時，竟感受到幾週以來難得的平靜自在。

在印度紛亂的步調裡，阿育吠陀的千年智慧反而格外突顯，或許，這就是按摩和瑜伽在印度傳誦千年的祕密？也或許，印度南方的魔幻力量只有來過的人才會懂：壓抑苦悶的人來到這裡，會決定跳出常軌、放下重擔；抑鬱不得志的人來到這裡，會藉由狂歡作樂忘卻世俗；在印度走了三週後的我，則來到這裡放慢步調，只看海、放空。而今記憶裡，那些在遠處海面移動的衝浪板和滑翔傘，那些散發慵懶氣息的海邊小屋和酒吧，以及那條襯著整排隨風搖曳棕櫚椰影的海岸線，都還深刻，即使我一直不是個喜歡看海的人，依舊時常懷念起在南印度吸飽陽光的日子。

迴水之旅

我們在擁有「上帝之國」美稱的喀拉拉邦搭了一整天的船。

「喀拉拉」在印度語指的是「椰子的土地」，它是在縱貫東側的西高止山及依傍西邊的阿拉伯海間形成的一個狹長省邦，如此得天獨厚的地理位置造就了一個豐腴肥美的水鄉澤國。

邦裡的幾個大城由北而南鑲嵌在海岸線上，北是素有「阿拉伯海皇后」之稱的科欽、中有人稱「東方威尼斯」的阿勒皮（Alleppey）、南則是原意「椰子林」的科蘭（Kollam），而這些城市之間又藉迷宮般的水道彼此銜接，不若印象中的印度面孔，這裡的街容井然有序，據說居民的教育水準與平均壽命都是全國之冠。

《國家地理雜誌》曾推薦的人生五十個必遊之地，印度唯二入選之處就是泰姬瑪哈陵與喀拉拉邦，許多慕名而來的旅客就是為了邦裡那極負盛名的「迴水之旅」（Backwater Tours），這也是我們花上整天搭船的理由。當外環海水與內陸河流彼此交匯、倒灌時，會形成稠密的網狀水系，這種獨特的景觀被稱作「迴水」，也就是漲潮與退潮間水流的來回湧動。

遊船有上下兩層，我帶本小說上樓，揀了個角落的位置，靜靜窩在一片寧靜自得裡。

眼前碧波萬頃，迎面清風徐來，船隻沿時而迂迴、時而寬闊的水道穿梭在繁茂的樹影間，夾道的椰樹和棕櫚，與遠方山水交織成一幅熱帶水鄉的美景。而沿岸散布的村莊人家，有些藉迴水地區的肥沃土壤，過著種植稻米和採集椰子的農耕生活；有些則在河道內經營起提供旅客遊河住宿的觀光船屋事業，無論如何，家家戶戶幾乎都有艘船，作為他們捕魚撈貝和敦親睦鄰的交通工具，也因此岸邊總是停泊了五顏六色的船隻，細看還會發現每艘船的船頭都被漆上了眼睛。船長說：「那代表一艘船的靈魂所在，所以造船的最後一刻會爲船畫上雙眼。」我望著那一雙雙具有靈氣的眼睛出神，想像古時傳說點睛後騰飛而起的巨龍。

隨船隻駛入水道深處，水道中央開始出現排列成隊的「中國漁網」，它是種利用槓桿原理設計而成的特殊漁網，讓漁民不用下海就能捕撈漁獲。被斜伸出去的六根竹桿所張起的一面網，宛如定格河央的展翅鵬鳥。行過龐大陣仗的漁網時，簡直有夾道歡迎的氣勢。

水道或狹或闊，亦時淺時深。於河道清淺處，俯首可以清晰望見裡頭的優游魚群和青青水草，此時一陣風起，一朵豔麗的黃花被吹落到書頁上，我於是把河岸的姿色連同落花闔入書中。坐在船裡，看著身穿沙麗、蹲在河畔洗滌衣物的女人，和走進河裡沐浴或僅爲浸水消暑的男人，以及在岸邊嬉鬧奔跑的孩童，不知道是我們在窺探水上居民的日常生活，還是他們在端詳我們這群未諳此地的外來者？然而，岸邊起居的人們若是注意到我的目光，總會對我笑，比起因爲看見手中的相機，他們更像是爲了打招呼而笑，那樣純粹。

一整天時間，任思緒在熱帶椰林間漫遊，就這樣，從科蘭一路航向阿勒皮。

離你最近的地方，路途最遠；最單純的曲調，需要最艱苦的練習。旅人必須叩遍每一扇遠方的門，才能回到他自己的門；旅入必須遨遊所有外面的世界，最後才能到達他內心的聖殿。

—泰戈爾

不只帶回寄生蟲

回到科欽後，臨時得知交通大罷工，只好提前整整二十四小時到機場等待回程班機。在機場閒晃時，偶然發現暢銷書架上躺的正是來印度前才剛看完的《項塔蘭》。作者是位從澳洲逃獄到印度孟買的白人，他以親身經歷為底，寫下如何從人生地不熟變得由裡到外承襲印度人靈魂的眞實故事。「這裡和其他地方不一樣，來這裡的每個人都會墜入愛河。對印度人來說，這事常發生、很容易發生，他們有幾十億人卻能夠相當平和地生活在一塊，原因就在這裡。當然，他們並不完美，他們知道如何相互說謊、欺騙，如何打仗，但印度人知道如何相愛，這點是世上其他民族比不上的。」在印度的日子裡，我時常想起這本書裡的畫面，縱然我和印度的關係比較像是友誼而不是愛情，但每回聽聞她的消息時，卻總還是帶有一點會心、一點繫念和一點相會後在乎彼此的牽掛。

剩下在機場的大多時候都只是發愣，印度簡直太適合讓自己放空，因為一旦太滿，就會裝不下它。一夜過去，耳邊終於響起出境的廣播，成群等待返家的旅人魚貫向海關走去。「妳待了一個月！」海關大叔操著聽在耳中已然相當熟悉的印度腔問到：「喜歡這裡嗎？」隨後豪邁在護照蓋上戳章，成為此行唯一非關夢境的證明。領回護照時，我對著大叔微笑但沒回答，只因自己仍在拼湊這個曾將我徹底掏空之處的情感。

在偌大地圖上比劃一處處連成月的軌跡，腦海裡閃現那些四散在生活的片段及每個值得細數風光的轉角街景，有句話說：「不同場域、不同人、不同風景都像一面鏡子，映照出自己的各種模樣，旅行只是加速發生事情的媒介，使它們濃縮在一段時間裡，一口氣排山倒海而來。」想起在旅行的日子裡，那些曾經囂張跋扈的憤怒、曾經走失的快樂與曾經決堤的想念，不禁對自己一個月以來情緒波動的幅度到驚訝。從滿路眼底裝不下的色彩斑斕、沿街紛雜到難以區分的濃烈氣味，到雙耳面對滿街尖聲交響曲時永遠抗議無效的吶喊，日復一日的五官轟炸實在讓我好幾次想要放棄前行的腳步；那些令人發愣的印度式英文、令人感到好氣又好笑的印度人交友模式，以及令人急欲逃避的叫喊糾纏，和令人啞口無言的文化震撼，一切的一切，都再再挑戰我對旅行的信仰。然而如今，對住進家徒四壁的屋舍內洗冷水澡不再埋怨，對相片裡的自己永遠是那兩套髒到不能再髒的行頭可以一笑置之，乘坐二十三小時的火車和十四小時的巴士直到屁股開花的紀錄，成了掛在嘴邊最得意的事，從被腹瀉不止的魔咒糾纏，到最後用黃沙洗碗也可以吃飽喝足的泰然自若，印度，真讓人永遠都不知道自己的極限在哪。

返抵臺灣後幾天，自己一直處在只要醒著超過半天，就會開始進入昏昏欲睡的狀態，因覺得不太對勁而跑去醫院檢查，當報告單上出現兩隻寄生蟲時，內心竟生起一股莫名的興奮！領了一袋只在教科書上看過的「Metronidazole」（抗寄生蟲藥）回家，並立刻護貝報告單以茲紀念。興奮，並非因為得到寄生蟲，而是知道印度送給我太多、太多，比蟲子更不可思議的成長和時光。

中國雲南——在世界屋脊上迷路。

上路以後，
我決定
信仰旅行

旅行最玄妙的莫過於每個人都可以擁有自己的羅馬與巴黎，每個人都可以難忘他路過的鐵道與航跡，屬於自己的那些剎那任誰也奪它不走，任時光的利刃也不能消磨那剎那間的芳華。

—郭子鷹《最好的時光在路上》

知道與經歷

曾聽過這樣的見解：「豐富的生命裡，『知道』與『經歷』需要很均衡的累積。」無遠弗屆的資訊來源讓「知道」的累積變得輕而易舉，即使是足不出戶也可以得知天下事，那麼既然知道，何消經歷？直到開始向外走，衣國孩子樂天知命的笑容告訴我苦難是旁人高高在上的想像，生牛肉攤的老闆告訴我教科書裡寫不出生活眞實的樣貌，印度火車上的大叔告訴我外人口中混亂骯髒的車廂裡有濃到化不開的人情味，沙漠裡遇見的駱駝伕告訴我世界的美好值得親眼欣賞、親耳傾聽、親手撫觸……，才開始對於「知道」和「經歷」有了較爲深刻的思考：說過的話會忘記，看過的事也會模糊，但親身經歷過的，一直都會記憶猶新。

不禁想起自己也曾是那個跟著搖擺旗幟走的人。「二十分鐘後車上集合。」戴著繡有某旅行社字樣帽子的大姐喊著，這表示有二十分鐘拍照、上廁所，還算充裕；直到發現自己想要的不只是拍照和上廁所，才開始自助旅行。

四年前，跟團去了趟法國，兩年前，和朋友走遍印度；腦海裡，法國是一處處景點的堆疊，而印度則是一個個故事的集合。總覺得旅行團是用「結果」來欣賞一個地方，而自助則是用「過程」去品嘗，兩者並沒有孰優孰劣，只是對我而言，過程往往比結果來得深刻，因此自助旅行令人一試就著迷。

第一次旅行，想替自以爲的獨立找到強而有力的證明，殊不知骨子裡依舊是孩子氣的叛逆，如今回頭審視當時涕泗縱橫的自己，或許也只有莽撞又衝動的二十歲，才會不顧一切想一親非洲大陸的芳澤吧！那次灰頭土臉的經驗，使我清楚認知到自身的不足；第二次旅行，看似自不量力的決定，在旅伴的加持下似乎變得合情合理，一個月的經歷，不僅使人體會旅行本身引人入勝的魅力，回國後更是「滿嘴印度」，回味無窮。總會有人問起爲什麼選擇這些地方旅行？眞要說起來，每段故事都像偶然，直到某天被串起時，才爲其中的巧合感到驚喜萬分，這條路，是越走才越清晰。

在雲南昆明下機後，已經比預定時間晚了將近兩小時。「拜託您讓我們換票啊！火車要開走了！拜託您！」我挨著「重點旅客」的窗口櫃檯，上氣不接下氣對著離座大媽求情，忽略隔壁大排長龍全盯著我看的眼神。「如果每個人都這樣，我們就不用休息啦。」她好不容易走回來，念了我們一頓。

手中緊握得來不易的車票，朝隔壁月臺拔腿狂奔，站務員一臉嫌惡地接過被汗水浸溼的車票，沒看一眼就揮手催促我們上車，前腳才踏進車廂，火車就響起離站的鈴聲，差點就趕不上往麗江的過夜火車。

自兩年前開始接觸登山後，徜徉在群山的風華軼事間成了一種無法戒除的習慣，對守護中國雲南聖山的嚮往和情有獨鍾也是在那時萌發。昨晚搭上往昆明的飛機時，一切都還如夢似幻，而今身在黑夜中隆隆前行的列車、好不容易止住喘息的當下，才清楚意識到第三次自助旅行的序幕已悄然揭開。

咖啡還續，書籤還新，夏天已經擦身而去；樹葉還綠，髮絲還青，時光卻從不曾逆行。
再不瘋狂我們就老了，沒有回憶怎麼祭奠呢？還有什麼永垂不朽呢？錯過的你都不會再有。　　—李宇春〈再不瘋狂我們就老了〉

再不瘋狂，我就老了

「那段在修路，車不開了。」櫃檯的售票大叔不耐煩地揮揮手。

打定主意要去瀘沽湖過聖誕節，於是一早就到麗江客運站準備買往大洛水站的車票，明白觀光旺季有人潮蜂擁而至的缺點，卻沒料到淡季也有封閉修路的風險。當下只好臨時更動行程，改前往虎跳峽鎮。

虎跳峽，因相傳猛虎曾在橫躺河央的巨石上蹬腳、躍峽過崖而得名，當平靜的金沙江水奔流至巴哈和玉龍雪山間的狹縫，便以雷霆萬鈞之勢下切出這個世上最深的峽谷之一，於谷間朝頂空仰望時，可見兩旁千尺山壁往天空開鑿出的一裂天光。全長約兩公里的峽谷，又被分為上、中、下虎跳，從上虎跳徒步至下虎跳共二十多公里的路程，一條是「低路」：沿河而築的柏油路，也是聯外交通要道；另一條則是「高路」：沿山而鋪的小徑，也是沿途村落人家來往的步道、背包客徒步觀虎跳峽的首選。

抵達虎跳峽鎮後，我們與其他同路人一同驅車前往上虎跳，這是許多觀光巴士會停留的景點，因為從公路旁就有一條直通河谷的階梯步道，階梯數不少，但是一條能夠直接下到金沙江旁、老少咸宜的路線。初見它的容貌，便對認知中的峽谷有了新的詮釋，若將家鄉的太魯閣比擬為精緻有靈氣的美人，那麼虎跳峽雄險峻峭的磅礡之勢，應是位令人神魂

顛倒的粗獷俊男，同爲聞名於世的峽谷，又各有千秋。

傍晚，在途中唯一一家青年旅館裡過夜。翌日，趁天還濛濛亮時就沿下切河谷的小路繼續往中虎跳去。小路很陡，在一些裸露的路段尚綁有保護用的鐵絲。一路上，我止不住大口吸入晨間冷冽的空氣，不能確定此時的喘息，究竟來自高山稀薄的空氣，抑或是隨意環顧四周就能探得那令人屏息的美。越往下，天色反倒越來越暗，最後沒入深不見天光的峽谷裡，在半個多小時後來到江邊。原先就聽聞中虎跳的氣勢雄霸三跳之首，果真映入眼簾的是一片令人目眩神迷的景象：空濛霧氣、水花翻飛，站在幾乎與江水齊平的鎖橋上，隨水晃動，眼見江水以「金戈鐵馬，氣吞萬里如虎」的姿態席捲而來，直搗內心最上游的震撼，我甚至不敢逼視迎面而來的驚濤駭浪，感覺幾乎要被融進滔滔江水之中那樣驚心動魄，然而在那震耳欲聾的咆哮裡，心卻似乎被引入另個極其寧靜的世界。沿鎖橋走向河中央的巨石，呆坐其上，渾然不覺時間的流逝，漸漸發覺在天地間的鬼斧神工之中，總能掙得一片更加寬闊的心胸，從而對充斥紛擾煩憂的社會感到淡然無謂。

從中虎跳回來後，往高處沿山徑續行，那是段碎石黃沙鋪成的小徑，沿途經常可見五色的彩旗掛落在山間的樹頭枝椏上。有時，近乎直角的彎處讓蜿蜒小徑在盡頭沒了身影，要側身過了橫在路面的巨型怪石後，才又見綿延的山徑坦鋪在一處新的山光水色裡。迎面而來輪廓深邃的女子，肩上扛背著整落的乾柴枯枝，高度比她們的頭還要高上許多，我們點頭示意招呼，她們只是微微一笑便繼續趕路，望著瘦小卻堅實的背影漸行漸遠，最後只剩兩處咖啡色柴堆在樹影間晃動。黑頭山羊蹲踞在不遠處的山腰，柔和的陽光梳理著牠們身上微微捲曲的毛髮，炭灰與赭色相織的屋瓦磚房散落在沿途，偶而生起的裊裊炊煙更添此地遺世獨立的清幽。走在危岩鋪覆的山壁上，嶙峋的巨石在側，腳底江水的隆隆濤聲卻充盈在耳，山頭與谷底落差的深度深刻得令人吃驚。

雖然沿途的指標和交通工具大多只有中文註釋，一路遇到的西方面孔卻比東方人來得多，當境內多數的華人旅客透過觀光巴士的小窗欣賞外頭風景時，此處反倒是外國朋友口中的徒步聖地，半年後在馬丘比丘認識來自世界各地的登山愛好者，聊起虎跳峽都讚不絕口。

中午在一處兼作食堂的木屋停下，入內稍作歇息。木屋裡，充斥來自各地登山隊的布旗和旅人的塗鴉，等待上菜的時間繞經窗櫺，潦草字跡在角落留下「再不瘋狂，我就老了」的一段話特別吸引我的目光，當下簡直太喜歡這句話了！後來才知道這是中國女歌手李宇春的作品。詞裡的「瘋狂」，並非如同江水肆無忌憚地奔流；行間透露的「青春」，也不是指某個年齡或狀態，而是當我們漸漸

被這個循規蹈矩的社會價值綑綁時，從麻木中覺醒追求的勇氣，從死氣沉沉裡重新煥發容光的年華。作家劉克襄說：「徒步也可以是一種反叛。」當我用步履丈量世界的時候，常覺得一步就是一段時光，在步伐之間，彷彿能走出一段瘋狂的青春。

從下虎跳重返公路、準備攔輛駛往中甸縣的小巴，一群在公路旁喬裝等車的山羊群，正在悠悠啃食石縫沙地間稀疏生長的草莽，此時突然發覺，相較於牠們，我對這番景致的大驚小怪似乎顯得沒見過世面。

香格里拉

「司機大哥，那是雪嗎？」蜿蜒山路的兩旁開始出現雪白。

「不然是什麼？」司機不以爲然地瞥了我一眼，隔壁的乘客還忍不住噗哧笑出聲來，即使如此，我仍難掩興奮地把整張臉貼在窗上，還要隨時把霧氣給抹掉。從海拔二〇〇〇多公尺的虎跳峽，一路駛上三〇〇〇公尺的高處，那是在嚴冬裡，我終於發現心中有個不可征服的夏日天光，照耀在整片的香格里拉。

香格里拉，這個總讓人聯想到「世外桃源」的名字，由來衆說紛紜，在藏文裡的意思是「心中的日月」，也是長篇小說《消失的地平線》中，描述位於喜馬拉雅山脈附近的一個神祕國度，有人說其實是源自於倫敦唐人街的廣東話「山卡拉」（意即山上與世隔絕之處），也有人說巴基斯坦北部的山谷才是原型，無論如何，如今大家公認的香格里拉，坐落在雲南的中甸縣內。

晚間抵達後，我們走入鎭裡的古城區，沿路街巷全用石板鋪設而成，各個木造建築則用燈飾妝點成一處處明亮的殿堂，店家的牌坊還另外打上燈光，儘管雙手都快凍僵，口中也不斷哈出白煙，整條街卻洋溢相當溫暖明亮的氣息。越近城央，商家越是聚集，大抵都賣些銀飾、藏刀、犛牛皮製品及傳統民俗織物，直到四方街，便是古城一帶最繁華熱鬧的區域。行經時，正逢播送一首具濃厚民俗味道的曲調，據說那是每晚都會響起的藏民樂音，只見人群漸漸圍聚成圈，隨著熱鬧的吟唱搖擺起舞。但我們沒有加入，因爲此刻肚子的咕嚕聲響硬是比樂音來得更具穿透力，必須加緊腳步找到今晚的歇腳處才是。

至今令人印象最深的聖誕大餐，莫過於在香格里拉初嘗的那一鍋子犛牛肉了。

於客棧卸下背包後，由於時間已晚，索性便在街頭比比皆是賣犛牛火鍋的店家裡，隨意挑了一間入座。第一次知道犛牛，連發音都念錯，如今尚未親眼見到犛牛，就要品嘗牠的滋味，腦海裡更是充滿各種想像。當老闆端來一大鍋祕製湯料調製出來的豔紅鍋底，頓時便被那撲鼻的辛辣味道嗆到咳嗽，湯面浮著厚厚一層溶出的油脂，犛牛肉正在裡面翻滾熟成。藏人不只靠犛牛耕地運物，也喝犛牛奶、吃犛牛肉，待湯滾了，我夾上一大塊肉試圖入境隨俗。犛牛肉口感較粗，韌性也強，搭配香辣濃郁的湯頭，再混沾蔥薑蒜椒等特調拌料，嚼上一口，彷彿也有了藏人的粗獷和豪氣。

不過吃到最後，實在不勝辛辣，只好趁老闆轉頭沒注意的空檔，把壺裡的熱茶倒入鍋中，希望能起稀釋作用，原先緊裹大衣走入餐廳的兩人，最後出餐廳時都將大衣拿在手上，因爲舌尖多了臺威力驚人的發熱機。夜裡窩在電毯裡睡，還要常常伸出舌頭散熱才行。

隔天起了個大早，卻意外惹惱客棧主人，早起的生活節奏也透露自己外來者的身分，睡眼惺忪的大姐催促我們出門後丟下一句：「天都沒亮，哪有人在賣早餐！」便轉身鎖上大門，這下子，得在古城繞到天亮了。漫步在晨間的香格里拉，沉穩的街容帶有長者的姿態，正因沒有多餘喧鬧，反倒予我和古城更加親近的時光，近到彷彿能聽見她在耳畔的叨叨絮語。

大唐年間，吐蕃在這裡的大龜山頂設立寨堡，命名爲「獨克宗」，這在藏語裡的發音包含兩層意思，一是「建在石頭上的城堡」，另一爲「月光城」。據說，獨克宗古城是目前中國保存最完整、最具規模的藏民住居，也曾是茶馬古道的樞紐，還擁有世界最大的轉經筒，可說是歷史文化薈萃的寶地。晨間的古城與昨夜記憶中的樣貌不大一樣，昨晚尚需用頭燈探照前方的路，否則此處凹凸不平的石板路直叫人踉蹌，今日有了天光，來掀開遮蓋古城的薄紗。

來到古城最高處，就是龜山大佛寺，我拾級而上，想一探究竟，發覺即使天還未亮，寺廟已有了不少虔誠的身影。有的僧人身披一襲大紅袈裟、口中念念有詞，有的身穿棕色長衫在一旁來回踱步、若有所思，不久後，他們都開始繞廟宇疾走，此時遠方還傳來陣陣吶呼，廟前香火升起裊裊煙霧，來參拜的人隨著天邊漸明多了起來，儘管口中各自禱念不同經文，卻也交融出一種異樣的和諧，旭日東升的香格里拉，實在有著極其夢幻的樣子。

巨大的轉經筒就依傍在龜山大佛寺的不遠處，其鍍金的高大筒壁透露著不凡身世。轉經筒又被稱爲祈禱筒或嘛呢輪，一般在藏傳佛教的寺院周圍都有裝設，筒壁刻有真言，筒內裝滿經典，相傳凡是轉動一回經筒，就等於誦讀了一遍內藏的經文。不過，這裡的轉經筒高達二十一公尺、重六十公噸，需要幾十個人合力才有辦法轉動。

許多藏民就在這個有大轉經筒、披掛五色經幡底下的城鎮，日復一日地生活著，他們習以爲常的信仰，卻深深撼動我，整座古城在歲月的浸漬下，泛出灰舊卻不破敗的顏色，虔誠微光中所透出的溫暖更是令人感動不已。據說不論是手轉或口誦，都同樣被視爲是發自內心的修行，既然轉動經輪不成，我於是虔心祈禱。

天亮後，賣早點的餐車陸續出現在街角，店家也敞開大門開始營業，彷彿此時才剛從一個有天堂的美夢中醒來。色澤金黃的青稞餅，厚餅薄皮各有各耐人咀嚼之處，我尤其著迷於它在齒間散發出的淡淡麥香，配上一口酥油茶，簡直一絕，這樣的早餐組合是那陣子最喜歡的，又因為有保存期限較長的優點，經過路邊叫賣青稞餅的攤子時總會多帶上幾個，果腹解饞兩相宜。這天也不例外，帶上幾個餅後才不捨地搭車離開。

三生有幸

從香格里拉每天都有幾班車到德欽，是走滇藏公路的必經之地。

搭巴士沿金沙江繞山路向北行，黃濁的江水在底下潺潺流淌，遠方覆上白雪的山頭在層層雲霧裡若隱若現，沿途經過奔子欄、金沙江大拐彎，行到白馬雪山的山腳後，道路就開始曲折起來，這種蜿蜒景觀是進藏路線的典形樣貌。因為路的寬度恰好只容兩輛車通行，有些路段甚至必須先有一方往旁邊停靠，對方才有辦法駛過，巴士就這樣沿危崖而行，在彎道處靠鳴按喇叭提醒對向來車。中途停下來時，一度以為是長途行駛間的稍作休息，直到前方人潮聚集，才驚覺事態不對。原來不遠處有兩輛休旅車發生擦撞，因此後面就一路回堵、動彈不得，雙方人馬下車理論，旁人也加入戰局開始齊力討公道，乘客對於這種情況似乎習以為常，全都下了車好整以暇在一旁觀看或賞景，後來才知道鄉間的交通事故，常常就這樣在你來我往、討價還價的過程中達成和解。將近一小時後，一行人才又重新上路。

抵達德欽後，再攔了輛駛往飛來寺的麵包車，終於在傍晚時分抵達飛來寺，沿途見到的犛牛比人還多。飛來寺附近本僅是個平凡的小村莊，卻因為正對梅里雪山的獨特位置，在晴空萬里的好日子裡，那些平均高度超過五〇〇〇公尺的連綿雪山就會在眼前一字排開，衆多朝聖的遊人與攝影愛好者駐足此地、停留數日，就是為了等待傳說中「日照金山」的時刻。隨著遊人漸多，飛來寺附近也逐漸發達起來，路邊的小樓都成了餐館與客棧。那晚，我們在一家叫「守望6740」*的客棧裡觀看一部關於卡瓦格博峰的山難紀錄片。

*6740是卡瓦格博峰的標高。

「梅里雪山」位在雲南德欽與西藏察隅的交界處，在藏民心中是神靈的住居，主宰人們生前死後的命運，每年的秋末冬初，都有大批信徒千里迢迢來朝拜雪山、親吻冰川，以爲來世祈求最誠摯的祝福，相傳其中的第一高峰卡瓦格博更是他們保護神的居住地，一旦有人登頂，神便會離他們而去；缺少神的庇護，災難將會降臨。

「一九九一年，由中日聯合組成的菁英攀登隊伍，因受困突至而來、鋪天蓋地的暴雪竟全數罹難，當時不僅震驚整個登山界，憤怒的藏民更確信登頂是褻瀆神山的行爲，自此，封山的聲浪便不曾止歇，直到二○○一年才正式立法，禁止卡瓦格博的登山活動。」紀錄片的語調字正腔圓，因年代久遠而褪色的畫面混合雜訊的聲音，反倒營造出更加詭譎神祕的氣氛，我們和其他背包客聚在火爐前面，帶著敬畏的心情一同追憶先輩的身影。

翌日晨起後，下樓抓了客棧提供的包子，便三步併作兩步往樓上的看臺站去，當腦海裡還迴盪著昨夜影帶裡的片段，四周頓時就響起歡呼和讚嘆，眼前曙光乍現，日照金山的景色從陽光射入的山頭往兩旁展開，一切來得太快，手裡的包子還熱得發燙。

卡瓦格博峰擁有俊俏身形，其峰頂更是銳利直指天際，陽光就從這小小的頂峰開始，逐漸染金整座山體。千里迢迢親臨傳說的現場，哪怕在山裡看過再多日出，心頭的澎湃依舊無法止息，卡瓦格博峰就在眼前不遠處閃閃發亮！其實，想要完整看見梅里雪山並不容易，受限於當地的惡劣氣候和地理環境，能在雲霧散盡之際清楚瞻仰它的容貌，在藏傳佛教裡被相信是與佛有緣，才得以幸運朝拜，曾有人為了一面之緣足足等上兩個月，如今我的初訪，它便無私地展現身姿，套句佛家用語：著實是三生有幸。

逐漸爬升的日頭，散發出萬丈光芒，神山的風貌瞬息萬變，繚繞的雲霧讓灑下的天光有了層次，近處的五色經幡飄揚風中，遠處巍巍挺拔的雪山在藍天下熠熠生輝，這真是一幅絕美的畫面，連眨眼的瞬間都嫌浪費。待太陽完全升起，一場視覺的盛宴才落下帷幕。雖然一早的飛來寺冷得教人直打哆嗦，但面對如此神奇的景色，一切都值得。

說實在，一刻不長，但有時就是足以銘記一生。

為純粹的喜悅做一件事

在飛來寺住下的晚上，想到明日要前往雨崩便興奮得睡不著覺。

雨崩，光聽名字就美得令人遐想的地方，是個藏在梅里雪山緬茨姆峰下（傳說是卡瓦格博峰的妻子）的藏族聚落，全村只有二十幾戶人家，又分上、下兩村，有往「西當」和「尼農」方向兩條對外連接的驛道。

昨晚觀看紀錄片時，和另外幾位背包客搭上話，碰巧找到也要徒步雨崩的同道中人，當下便敲定隔日要共乘麵包車往山裡去，一起翻越三七〇〇公尺的埡口，前往徒步者的天堂。有人說那裡是陶淵明筆下的世外桃源，也有人說是香格里拉的縮影，無論如何，我萬般期待親自走它一遭。

徒步從瀾滄江的河谷開始，過了尼農吊橋，就是雨崩。

尼農驛道的一側是緊鄰瀾滄江峽谷的百米懸崖，另一側則緊靠山壁，沿山修築有一條引水渠道，蜿蜒直到下雨崩村。瀾滄江的峽谷深邃宏闊，夾岸的山壁嶙峋挺拔，走在小徑上的身影隱約難辨，遠遠看去，似乎與山谷融爲一體。循著前人「沿河谷、往下走」的技巧，基本上就是沿一條路走到底，或寬或窄、或左或右，始終就是傍河而行。沿途植被稀疏的河谷給人荒漠的想像，偶而出現的村莊則帶來沙漠綠洲的驚喜，而一路上最可愛的點綴，莫過於那些垂掛在山巔隘口或屋頂簷木上的五色經幡。聽了藏民朋友的解釋才明白五種顏色各有涵義：藍色是天，白色爲雲，紅色是火，綠色爲水，黃色則正是我們踩踏的土地。喇嘛信徒相信，當旗幟迎風飄揚時，可以將他們的祈求吹送到神佛的耳中，從而得到庇佑。行走其間，景致如詩如畫、美不勝收，儘管「危險路段、當心墜落」的立牌試圖為這段路的驚險作證，但陶醉之餘竟沒有絲毫擔憂跌落的閒暇。

某個轉彎後，驛道便不再臨江而行，而是改循一條向上的雨崩河而去，並開始出現瀑布的景色。一道道瀑布流成湍急的河，河中的岩塊都覆上一層冰晶，參天古木垂掛在河面的枝葉也被凍成細長冰柱，路旁還有一落落積雪，薄冰像綿延展開的雪白地毯，鋪蓋了前方的道路，一不留神踩上，竟因此滑了一大跤，但這片雪白世界的迷人似乎擁有讓痛楚變得心甘情願的魔力，跌坐在地上的當下，我只是望著四周出神。

在一處休息的平臺，與一位四川男生相識，聊天過程中得知從他決定辭職出走至今已過半年，這些時間裡，他透過招攬便車遊歷了大半個江南。「忘記有多久，我沒再為純粹的喜悅做件事了。」他靦腆地說：「這是決定出來流浪的原因。」

曾有位極地運動家說：「你會問我登上聖母峰有什麼好處？而我只能回答：沒有任何好處。我們不會帶著任何的金銀回來，也不會找到任何一寸能夠種植作物的土地，若是不能明白內心有某種東西會回應這座山的挑戰，並因為這種奮鬥而促使生命不斷向上，那麼你終究不會明白為什麼我們要去。我們從這個冒險所能得到的僅是純粹的喜悅，而喜悅才是生命的最終目的。」在這個為了生活汲汲營營的社會裡，究竟有多久沒為純粹的喜悅做一件事了？

不禁想起自己開始爬山的原因。

每個登山者或許都曾像我一樣，不斷被身邊同樣的問題轟炸：為何而爬山？每個人也應都有自己上山的理由：喜歡翻山越嶺後汗水淋漓的暢快、想用鏡頭見證山巒昂首的霸氣，或享受與志同道合的朋友在山林間漫遊的快意。身為一個登山者，我可以信手拈來每個為山岳風采傾心的時刻，然

而，會成爲一個樂山者，其實只因我從山中拾回遺失已久、關於「簡單」的喜悅。曾幾何時，我的生活遺失了「簡單」：吃飯時，咀嚼的不是口中的菜餚，而是眼前螢幕不斷更新的動態；睡覺時，腦海裡不是今夜的星光，而是明日待完成事項的長串清單；走路時，眼前不是下一步的明媚風光，而是對未來的追趕跑跳。僅僅是關於簡單那樣純粹的喜悅，竟變得遙不可得。

記得爬上雪山聖稜線的第四天，那從凱蘭特崑山走往北稜角的途中，當時爲了躲避近在咫尺的落雷，只管得了小腿腓腸肌的收縮和放鬆，奮力踏出的每一步只爲了下一步，千鈞一髮之際，才通過稜線並抵達山屋。那晚，吃飯就眞的只是爲了吃飯，闔眼時，腦海也裡只有北稜角的嶙峋風華，沒有明日的絲毫牽掛。在聖稜線上，失而復得這些本應天經地義的事，連自己都止不住發笑。輕輕呢喃那些如今可以倒背如流的山的名字，回憶裡稜線上的日光晒紅了雙頰，心頭又再度吹起聖稜的風。

「我猜想心靈和腿腳一樣，在時速三哩時最有效率。」作家 Rebecca Solnit 如是說到。來到雨崩徒步其實也是這樣，只管走路，什麼都不必去想，讓腦海依傍山勢洶湧，讓步伐跟隨壞石起伏，讓右腳追隨左腳、左腳依循山徑，讓踏下的每一步都擁有山林最原始的味道。

迷途的必要

「今晚沒水喔，水都凍了。」老闆豪氣地說：「反正這溫度洗澡應該也不會爽快吧！」語畢，他呵呵大笑。

走了二十三公里的山路後，終於抵達神瀑客棧所在的下雨崩，而這裡簡直像浪跡到世界盡頭，無端闖入一處人跡罕至的藏域雪地。客棧裡的設施極簡，踩著木造樓梯上樓，陳舊的結構咔滋作響以示抗議，我解開生鏽的門鎖，看到鋪在床上的電毯，鬆了一口氣。當夜晚的黑幕垂掛下來，氣溫隨之驟降，本想窩在房裡舒展疲憊的雙腿，但直從門縫灌入房裡的冷風教人動了點碗湯麵來暖身的念頭。到了飯廳，四川男生與併車的三人已相互認識，我們便加入圍坐、天南地北聊了起來。那晚步出飯廳準備回房時，見月光映照在雪山上，泛起一層微黃光暈，觸手可及的滿天星光灑滿整個夜空，璀璨如每個旅人娓娓道來的點滴故事，而最遙處的那顆亮星，好似在指引我前行的路。

隔天，因身體不適，決定和併車的三個男生分道揚鑣，不冒險往「冰湖」走。那是要走上一整天的路程，但據說在四周冰瀑和高山草原的映襯下，冰湖的美令人驚豔，此時只得用「若將一個地方都訪盡，就失去了下次再來的理由」安慰自己。臨行前，我們以雪山爲背景在客棧前留影後便互道珍重。出了客棧向右走，就是往西當的路，老闆說沿途雖有許多岔路，但都是殊途同歸的小岔路。而在從西當出山之前，我們想先訪另個景點「神瀑」，它是歷來藏傳佛教朝拜的聖地和轉山的終點，卻因路標不明顯，

直到走進一片平緩的山林，才驚覺事態嚴重。

糟糕，迷路了！

在臺灣，我就常和旅伴一起爬山，他是個膽大心細的人，出發前總會做好詳細的規劃。然而這回啟程前，在茫茫一片簡體字的心得分享裡，就是遍尋不著雨崩詳細的登山記錄，上路時懷著忐忑不安的心，總擔心路線複雜而走岔了路，一路上見人就問，但答案不見得一致，有時問得越多心裡越迷茫，然而從昨日的經驗裡，總覺得照直覺走就不會錯，直到面對這片不見盡頭的山林，才感到恐慌，腦中開始浮現登山客失蹤數日後被發現陳屍某處的新聞剪影。

我們觀察周圍的地貌，找尋沿路的痕跡，盤算流逝的時間，甚至清點起隨身的裝備，做好在山裡過夜的心理準備。往回走了一段路後，意外遇上一個身穿薄衫的老伯。

「大哥！請問西當的路該往哪去？我們迷路了，還好遇見你！」見著他後我驚叫出聲，差點沒喜極而泣。

「迷路是正常，順利找到才是幸運啊。」老伯倒是相當淡定：「多走幾遍就知道路啦，總是有人告訴你怎麼走，多沒趣呀。不就是個拐彎嘛！」他指了指右拐的陡坡，祝我們好運。或許，中國登山客從沒留下詳細的紀錄自有道理，就像旅行到了最後，未經計畫的片段往往是心頭最深刻的時光。玩轉山頭，我突然感到前所未有的輕鬆。

中午在上雨崩稍作停留，那裡有間因刻在石碑上頭的幾個字—上有天堂，下有雨崩—而聲名大噪的梅朵客棧，望著那塊石刻，我太同意雨崩的美具有令人起死回生的力度，她的安詳、純粹和遺世獨立也隱約讓人有了天堂的概念。又其實，我漸漸不曉得哪裡才是天堂，越來越覺得它比較像是一種幸福的狀態。有人說：「幸福就是有事可做、有人可愛、有望可以期盼。」是不是只要能握住幸福的要領，即使是在不同環境和生活間轉換，都依然能置身天堂？我回望靜躺在山谷裡的小村莊，感同身受環山的擁抱。

從這裡，還要再走上十八公里的山路才是西當。沿途偶有垃圾桶被塗鴉上「加油」兩字，試圖替人打氣，但唯一的安慰還是路旁的電線桿，只要把上頭的數字從一百五十走到一號後便是終點。然而這段歸途並不好走，時而泥濘，時而岩礫滿布，有些路段還是近三十度的陡坡，甚至更陡，再加上高海拔稀薄的空氣，直叫人上氣不接下氣。我倚著一旁的大樹稍作休息，試圖調整呼吸，此時，一位迎面而來的藏民就這樣順手把握在手中的長木手杖遞給我，說：「沒帶杖子就上山呀？拿去用唄，這東西很給力！」當下簡直傻住了，等回過神來要向他道謝時，趕驢的大哥早已走遠。途中，經過一處於細縫裡塞滿錢幣的巨大岩塊，哈達*也被披掛在上頭，我於是從口袋裡掏出皺皺的紙幣，把感謝和祝福一併折收到石縫裡。

當公路映入眼簾、知道終點近了時，實在難掩興奮之情，於是加快腳步沿小徑續走到前方的西

* 藏民以長方形絹布製成的禮敬法器。

當村，此時日頭已經開始落下，沿途卻沒遇著半個同路人，心裡又隱隱然有不祥預感，果然，出登山口時一輛等著載客的車都沒有。最後無計可施之下，只好花大把車錢，請村裡人開車載我們回飛來寺，車子飛馳下山，一路上沒太多話，大概是從沒爬山爬得這麼驚險吧。

作家張讓曾寫道：「走路成了一種憧憬，甚至成了一種需要：減速的必要，漫遊的必要，徒步的必要。這時走路不再爲了交通，本身就是目的。」對我而言，徒步，應該還有迷途的必要，貴人的必要，以及腿痠腳疼走不動的必要。

最不值錢的時間和陽光

今天是二〇一四年的第一天，我倚坐在瀘沽湖畔碼頭旁的柳樹下，望船出航，從西伯利亞飛來過冬的紅嘴海鷗盤旋在船隻和遊客上方，腳邊蜷著一條奶茶色的野犬，日記本被擱在一旁，只因遲遲無法下筆，不曉得如何才能完整詮釋這趟旅程，只好任思緒擱淺在整片湖光山色裡。這天，萬里無雲，清澈如鏡的水面倒映著天光雲影，鋪覆潔白碎石的湖岸挺立著整排迎風的柳樹，停靠在一旁橙紅、桔黃、寶藍和原木色的船隻，蕩漾出五彩波濤，在晨光的彩染下，顯得更加動人。隨著遊客漸多，周圍不時傳來「坐船嗎？」的招呼聲。

瀘沽湖，是個橫跨雲南和四川兩省的高原淡水湖，像極一枚鑲嵌在秀麗群山裡的碧色珍珠，湖面散布著八個大小島嶼，傍湖而居的摩梭族人據說是蒙古和藏族的後裔，存留至今的母系氏族婚姻制度讓不少遊人慕名而來。

昨日，在客棧外頭租了自行車，打算利用一天的時間環湖，不過這裡足足比日月潭大了六倍之多，「環完湖至少要騎六十五公里！」老闆將我上下打量一番後努力勸退。起先我還自信滿滿依著指標向前進，豈知第一個上坡就逼使我下車用牽的，接著一路都是起伏山路，騎得我氣喘吁吁，終於盼到前方的下坡時，爲了盡情享受涼風呼嘯而過的快意，視煞車如無物、得意忘形的結果就是在彎處摔個四腳朝天，幸運的是當天衣服穿得夠多，除了輕微碰傷外就是把羽絨衣磨出一個大洞。儘管不聽勸的下場，是獲

得膝上的瘀青和覆滿痠痛貼布的雙腿，依舊覺得騎乘自行車賞湖，才是所有選項裡最美好的速度。

環湖途中，騎經一個引人注目的木刻告牌，上頭寫著「停車，偶遇，吃飯，睡覺。」幾個大字，幾個摩梭婦女就在一旁的柳樹下席地而坐，泡茶、喝茶、閒話家常，多麼自在又愜意的人生！當我們在爲生活疲於奔命時，生活卻早已不知不覺地遠離，這道理她們比我們還懂。見狀後不禁停下單車，望青青湖畔的鵝鴨，或成群優游，或在淺灘漫步覓食，見遠方乘豬槽船的打漁人正在波光粼粼的湖面撒網，我杵在路旁發愣了許久，發覺原來這裡最不值錢的，正是時間和陽光。最後騎了一大圈回到客棧時，天色都暗了，這天能夠環完湖，大概要歸功於聳立於遠方那座格姆女神山的庇佑。

「坐船嗎？」一位摩梭婦女探頭到面前，嚇了我一大跳。

搖頭謝過後，便起身往橫亙在湖灣的里格島走去，相較於較早開發的入口村落大洛水，這裡顯得古樸靜謐多了，我走進一家咖啡館，準備將待寫的明信片完成。

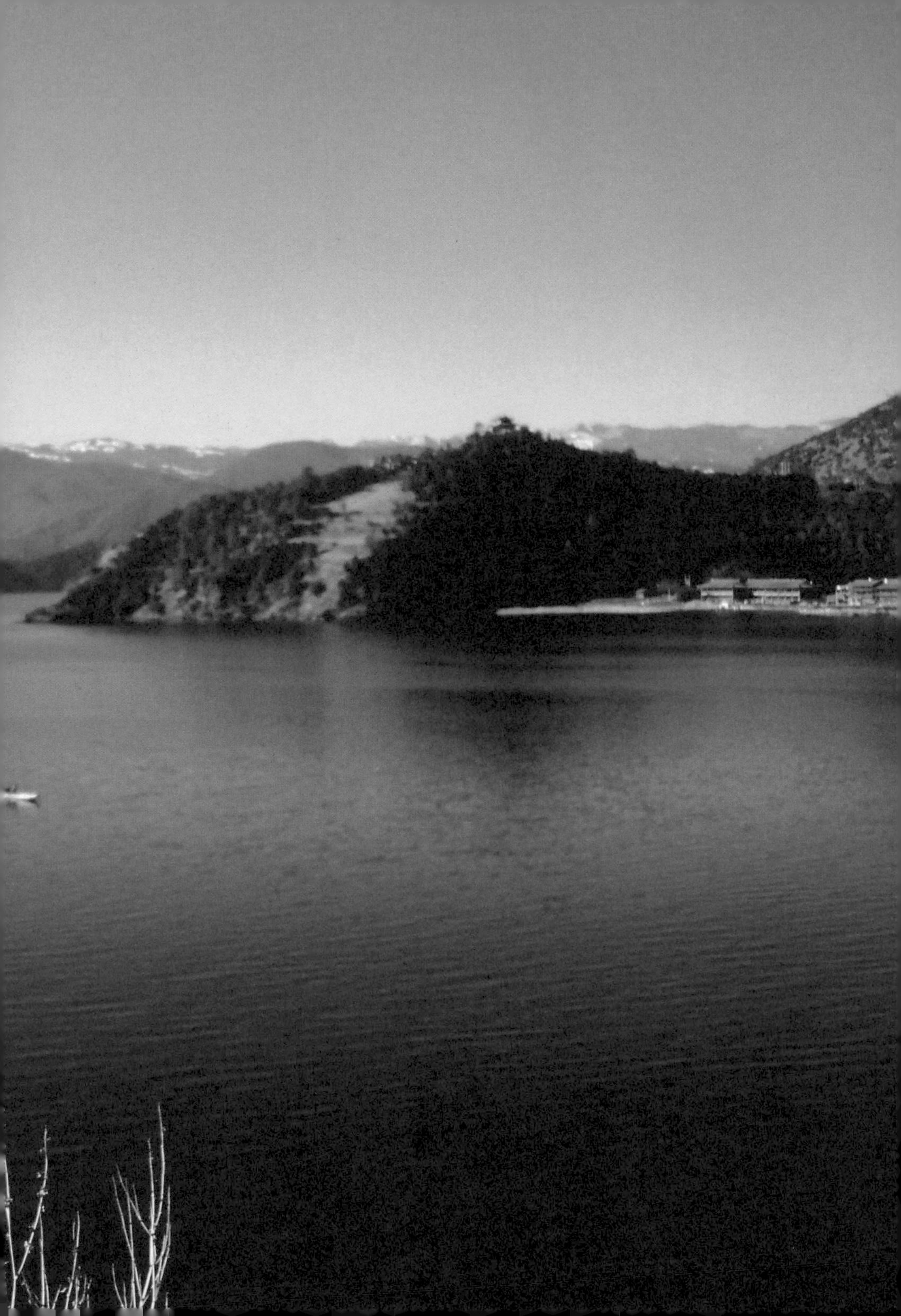

午後，遇見一位來自福建的女孩，當時不僅相談甚歡，還相約隔日要到湖畔搭船、同看日出，也是那時候，才意外得知瀘沽湖機場將在明年正式通航的消息，是當地政府爲解決因不易抵達而限制觀光發展所下的決定。

兩週以來，我去了山頭，也行至谷底，身處雲端，也在林中，明明在人間，卻呼吸來自天堂的空氣，徜徉在雲南的大山大水間，爲之癡狂。初聞此令人震驚萬分的消息，一時之間也不知該做何反應，如同關於蘇花高是否興建的爭議未曾中斷，在經濟繁榮和環境永續間該如何取得平衡，我也沒有答案，或許終究只能盼望此刻的瀘沽湖能駐足成永恆，在它最美的時候。

祝融的消息

才回來不到兩週，獨克宗古城就傳來慘遭祝融的消息。

「就在這一瞬間，才發現，你就在我身邊；就在這一瞬間，才發現，失去了你的容顏。什麼都能忘記，只是你的臉；什麼都能改變，請再讓我看你一眼。」走在麗江的長巷街弄裡，中國歌手小倩所唱的這首〈一瞬間〉總是如影隨形，從這間店走進下一家，歌曲不會間斷，因為每家店裡都反覆播送同一首歌。然而如今回想起這首歌，簡直令人心碎。

夜裡古城悠長的石砌街道，交錯在霓燈下熠熠生輝的橫弄窄巷，舌尖還殘有滾燙湯鍋裡熱辣犛牛肉的滋味，被客棧大姐趕出門的吆喝聲也猶如在耳，這些，我都還記得；轉經筒紋理的溫度依然停留在指尖，清晨時分的祝禱聲也仍舊清晰，虔誠微光灑落的古城印象成為心中一處最好的時光，這些，我都還記得。不是出門在外的自己特別多情，是還留了太多的自己在那裡。

古城有大半被焚毀的消息實在令人痛心，多是土木結構的古建築讓火勢快速蔓延，歷史文化古蹟就在一夜之間灰飛煙滅，心裡彷彿也有塊記憶被燒成灰燼。有人羨慕我才剛去過，但旅行的很多時刻其實靠的都是緣分和機運，有句話：「Live, travel, adventure, bless, and don't be sorry.」想做的事，就努力去做，想愛的人，就用心去愛，想去的地方，就趕緊去吧，因為我們永遠無法想像明天過後會是如何。

願祝福隨著五色經幡吹送到香格里拉，願你們一切安好。

南美洲
巴西、秘魯、玻利維亞——獨行南半球的臺灣女生。

上路以後，我決定信仰旅行

失而復得的藝術

「Hola!」當機艙內的雙聲道廣播用西班牙文向乘客打招呼時，不禁爲自己終於踏上夢想中南美旅途的路上感到萬般喜悅，至於接著響起的「Bon Dia!」這個葡萄牙文的招呼，則是在爲期一個月的巴西醫院見習交換後，才琅琅上口的。

有人稱「跨出生活的舒適圈」爲旅行，亦有人說：「旅行每每留在記憶裡的部分，總是沒照預定進行的那個部分，卻正因爲這些超出預期的事，而讓旅行變得有旅行的樣子。」記得在德里遇上火車施工改道，被載去不知名的小鎮；臨別科欽前遇上的大罷工，宛若一份極其隆重的餞別禮；在昆明延遲下機的那一刻，差點錯過費盡工夫才訂來的過夜火車；在雨崩，一度以爲出不了山。旅行越久，越覺得「意外」好似其最核心的元素之一，往往在集震驚、懊惱和憤慨於一身的同時，又必須立刻整頓情緒來思考下一步的應對，一趟旅行下來，簡直成了一堂學習「面對、接受、放下」的速成班。在那些心跳加速、腦袋千迴百轉卻仍一片空白的當下，總覺得自己是世界上最倒楣的人，然而回首再望，卻經常成爲被拿來說嘴的回憶亮點。南美洲帶給我的第一個驚喜，是即使經過五個海關人員的口頭允諾，仍舊因爲繁複冗長的安檢程序而錯過轉去邁阿密的班機，一圈又一圈的隊伍，是恐怖攻擊事件後的產物，在終於通過重重關卡來到登機門前，卻發現行李捷足先登、早我一步飛離達拉斯時，不禁重溫了兩年前佇立在衣索比亞機場裡空蕩行李轉盤旁的驚愕，獨自一人旅行對我的考驗，似乎都從「接受失去」開始。

初到巴西之際，在一個周遭沒人會說英文的地方，才發覺原來微笑和比手畫腳無法解決任何事情；在一個沒人認識我的地方，才發覺自己竟失去獨自安頓和排遣寂寞的能力；到了一個檢驗數據要親自去實驗室領取報告、要從噴墨印刷紙上判讀電腦斷層結果，及N95口罩要用到無法再使用才能丟棄的醫院，才發覺失去臺灣高規格醫療系統庇護的自己，是多麼手足無措；身處愛滋病過度普遍到可以免費領藥治療、開放性肺結核只能採用通風式的病房隔離、及長期臥床的病人因爲缺乏翻身又疏於照顧而產生惡臭壓瘡的醫療場域，才發覺當面對極其有限的醫療資源時，原來如此無能爲力。在衝擊不斷後的淚眼婆娑之中，每每想起交換學生的選項裡明明有一切安排妥貼的富麗歐洲，幾乎都快忘記自己選擇巴西的理由——在學生時代的最後一個長假，實在太想背起背包踏上嚮往已久的南美大陸。

見習期間，碰巧遇上世界盃足球賽的盛事，有幾個晚上，是和主治醫師一起在值班室看球、聊天度過的。巴西的醫療制度不若臺灣對病人一視同仁的全民健保，使用的是混合式公私健康照護系統，窮困拮据的病人只負擔得起當地SUS制度下的公共保險，反觀經濟寬裕的病人選擇私人保險才是醫療品質的保證。而當聊到臺灣時，他們的第一印象竟是：朝總統丟鞋子的人不用吃牢飯。「我們也好想這麼做！」言談間不禁流露出對執政者的失望：「政府透過只給窮人金錢卻不教他們如何釣魚，或是援助入獄殺人犯的家屬卻沒去救濟受害者，諸如此類的手段竟只是爲了換取窮人的選票支持……。」聊得越深，越發覺自己見識淺薄的眞相。

在我的認知裡，世足賽是一字排開的帥哥球員、座無虛席的明亮賽場與熱血沸騰的亢奮觀衆，地球彼端的臺灣球迷也會爲了實況轉播熬夜或早起，在螢幕前一同爲了那顆射門得分的足球尖叫歡呼。然而，我所不知道的卻是在一切看似光鮮亮麗、希望無窮的背後，一群對日益高漲的經濟壓力罷工抗議的巴西國民。「政府爲了這次的世足賽，原先被歸爲公共建設和醫療保健的經費，大部分都被挪用到比賽相關的建設上。而這些，究竟憑什麼要我們買單？」在一次手術房歷經無預警停水時，主治醫師忿忿不平地說到。直到某天傍晚離開醫院，在公車站枯等一個多小時後，才驚覺自己似乎也被捲入了罷工潮裡。那晚，醫院裡認識的人都已經離開，四周也一時找不到會說英文的人，在和三個警衛雞同鴨講之下，一度以爲自己要回不了家。此時，路過的一位素昧平生的女生，雖仍只會說葡文，但她比了比開車的手勢，邊說著我少數僅懂的單字「sua casa」（妳家），我當場流下淚來。

見習將盡的週末，外頭大雨滂沱，雨水在馬路上匯聚成一道道洪流，即使回到住處時早已全身溼透，卻有些訝異自己的心情異常平靜，想起抵達衣索比亞第二天的那場大雨，相同的是哭著開始，不同的，則是這回做到了微笑道別。在這千言萬語又欲辯忘言的一個月，既遇見了素不相識卻待我同家人般溫暖的巴西朋友，也無法忘卻在那些初來乍到、不知所措的日子裡，家人朋友透過網路捎來的鼓勵支持。臨別前，醫師 Nakasa 操著不太流利的英文、拍我的肩說到：「Be a good doctor!」當下，我幾乎忘了這趟來巴西是爲了醫學生交換，反倒比較像在交換人生，又或許，交換學生本身就是一場人生的巡迴。以前以爲這就是世界，出去後才發現有些風景，得等爬高了才看得見，有些路，得等走過了才回味無窮，一生太短，卻可以因爲旅行活很多次。離開巴西後仍經常脫口而出的「Bon Dia!」彷彿象徵一段巴西人生不會消逝的靈魂印記。

一個月後結束交換學生身分的那晚，我將所有家當從背包掏出來一個個重新安放，似乎也在整頓變回背包客的心情，準備赴機場等待明日清晨的班機。於巴西里約（Rio）的機場三樓，找到一

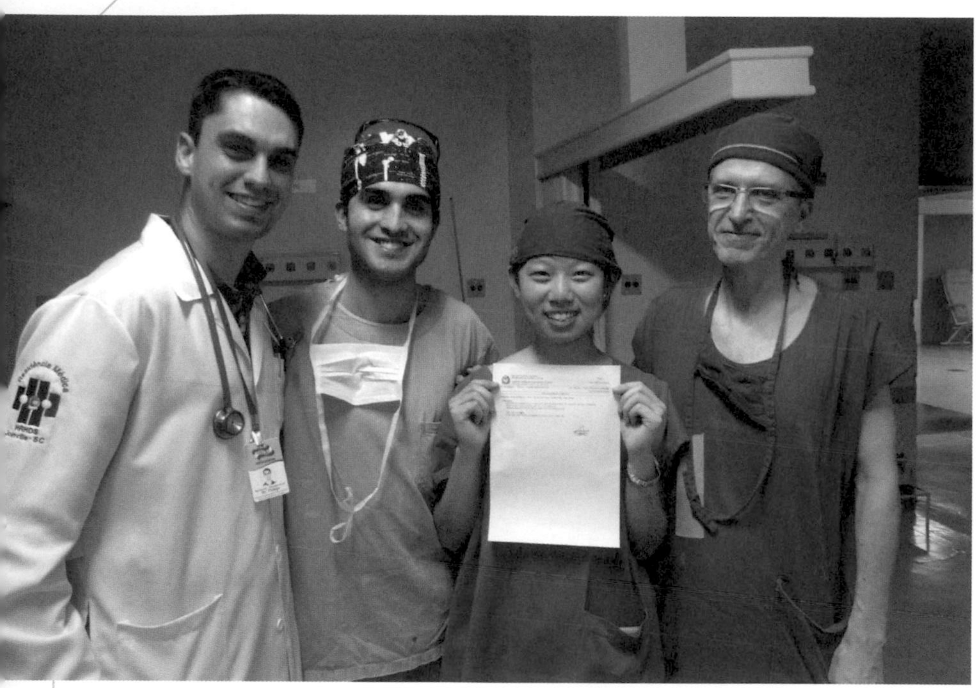

處可以安睡的小角落，凌晨三點再不慌不忙爲兩小時後直飛秘魯的班機辦理報到手續，然而，行李無法跟上腳步卻像命中注定——又遺失了！隔天背著一個 A4 大小的後背包步出利馬（Lima）機場時，第一次沒被爭搶載客的計程車司機包圍，他們看見我、猶豫了一下，便決定尋找下個目標。失去，反倒讓我省去行李的包袱，搭上只要兩塊秘魯幣的公車，在傳言混亂的首都移動自如。

回想從開始旅行到現在，歷經三次與行李失而復得的周旋經驗，心境上竟已平和許多，這就是旅行吧！不能期待一切如計畫，只能去迎接意外；不能保證萬無一失，只能在突如其來的失去中學習隨遇而安。

你的一切，我留著不忘

離開巴西、抵達秘魯首都利馬後，我趕忙跳上一趟十六小時的夜車，試圖追上行李的腳步。

「各位乘客，我們來玩個遊戲。接下來念到的數字，請在你們手中的數字卡上打折做記號，連成三條線的人就可以獲得獎品。」啓程前，曾惡補了爲期半年的西文，沒想到甫一上車就用上。此時，一旁原先酣睡的大嬸已經醒來、蓄勢待發，遊戲開始後，她總在我來不及反應時熱心指向我應該要打折的位置，用陌生的語言玩起熟悉的遊戲，縱使最後沒有連線成功，學以致用的當下卻彷彿得到獎品般開心。日落後，重回夢鄉的大嬸鼾聲漸響，越過扶把的手肘也不斷戳擊過來，但見她睡得香甜，倒也不好意思打擾。我於是望向窗外，令思緒沒入黝黑夜色，任它隨綿長的軌道奔馳，假想一個月後再回來的自己，千千萬萬個可能的樣子。隔日，風塵僕僕前往機場領回行李後，才終於放下心中的大石，端詳起眼前這座城市。

有「雪白之都」美譽的阿雷基帕（Arequipa）是秘魯第二大城，近郊被 Misti、Chachani 及 Pichu Pichu 三座火山環繞，因此城市裡的許多建築都利用灰白火山岩作材料。以白色爲基底的街道，整齊劃一，整座城市在陽光的灑落下充滿明亮的氣息，沒見過被大雪覆蓋的城市，卻在這裡欣賞到一片雪白錯落的景致。而秘魯雖已獨立多年，其城市卻幾乎仍以武器廣場（Plaza de Armas）爲中心輻散，如此典型的西班牙殖民地市容規劃，洋溢著濃厚的歷史色彩，阿雷基帕也不例外。向對街攤販買了當地著名的冰淇淋，坐到武器廣場旁漆成青綠的木椅上，成群野鴿便帶著殷切的眼神朝我聚集過來。廣場中央的大型噴泉，被矗立北面方塊石上的大教堂與其餘三面的拱門迴廊環繞，在繽紛花卉簇擁

的池央，則立有一座士兵吹奏喇叭的青銅雕塑，於是舔一口冰的同時，還嘗飽了滿眼的城市風華。

食畢後，我往市郊的「亞那華拉觀景臺」一帶走去，那是據說可以俯瞰整個阿雷基帕的地方，然而這一走，就是四十多分鐘，烈日當頭，管不著方才吃過點心，仍躲入沿途一家餐館裡尋求庇蔭。秘魯西岸的洋流支持了這一帶豐富的海洋生物，特色海鮮料理應運而生，其中最爲人津津樂道的就是酸中帶甜的「Ceviche」。這是一道用檸檬汁醃生魚的料理，利用酸味把魚的蛋白質變性，創造類似煮熟的口感，再拌入海鮮、生洋蔥及辣椒粉成爲拼盤，在餐館裡嘗上一盤酸甜帶勁的Ceviche，再啜上一口深紫色甜玉米汁，清涼滋味立刻一掃一路步行的悶熱。結帳時，碰巧一位在餐廳擔任吹奏薩克斯風樂手的大叔也正準備離去，他趨前自我介紹，並提議一同去觀景臺，有當地人領路，我開心地叫好。

離開餐館後步行不久便抵達，從臺上聳立的一列拱門間向下眺望，遠方 Misti 火山開展的山線像守護神展開雙臂的姿態，在整座城市的襯托之下顯得更加壯美。最後，走回市中心的路上因爲有了大叔的相伴，多聽了好多關於阿雷基帕的故事，儘管並非全然都懂，但好客又熱心的他，不厭其煩地用最基礎的西文單字向我解釋、再解釋，臨別擁抱後，才依依不捨地道別。

傍晚在街道上走，逛了幾家旅行社，沒對書上寫到必遊重點之一的「峽谷健行」提起太大興趣，反倒連續與三個路人聊上話，操著拼湊不成完整句子的單詞，也聊得彼此哈哈大笑。流連在街巷裡，直到要回車站時，才驚覺自己竟迷失了方向，此時有個人拍拍我的肩，轉身前我下意識地護住背包。「哈囉，往哪裡去？」眼前是個約莫二十多歲的小夥子，在哪裡見過倒想不起來。「不記得我啦？」見我一連迷茫，他補充到：「修道院剛見過呀。」秘魯人的樣子對我而言太過相似，卻忘記自己在這群人中是突出的東方面孔。跟修道院的管理員聊起天來，單字有限，卻相當愉快，也在他的幫助下順利回到主廣場。晚間廣場前的教堂，在燈光的照耀下宛若披上金黃薄紗，顯得更加高貴優雅。「再回到這裡時，打電話給我，帶妳去看眞正的阿雷基帕。」他遞給我一張留有電話的紙條，並幫忙招了輛往車站的計程車，同時向路邊的警察登記車號。即使在回程路上，陰陽錯差而沒能再訪這個城市，短暫的交會卻深留心底。「別再像來的時候隨便招車，很危險，一定要記得登記車號。」每回想起這個雪白之都，耳邊總會響起臨別時那窩心的叮囑。

我留著紙條，留著修道院管理員的掛念，留著樂手大叔侃侃而談的故事，也留著和路人的閒談點滴。我留著不忘，直到下次再相見的時刻。

傳說中到不了的地方

天寒地凍的清晨四點出頭，簡直不敢想像被棄置街頭的後果。

位在標高三八〇〇公尺的普諾（Puno），是秘魯東南部濱臨的的喀喀湖（Lago Titicaca）的一個小城。的的喀喀湖在印加文化裡有「聖湖」之稱，是南美洲最大的淡水湖，也是世界上海拔最高、渡輪可以通行的湖泊，多數觀光客都將普諾做爲造訪它的基地，而我則是爲了一賭玻利維亞簽證的可行性，連夜趕路來到這裡。自上個月起，陸續有網友傳來捷報：玻國開始放寬入境條件。自從六年前臺灣駐玻利維亞代表處關閉後，在無法取得簽證的情況下，只能冒著風險、利用偷渡的方式前往，傳說中到不了的地方，如今竟在面前露出一絲曙光。

夜裡抵達普諾時，原打算等到天明再出站叫車，一位推銷住處的男子前來搭理，講好看了不滿意，可以送我回來。心想既然沒損失，便跟著走出車站，當時呼嘯而過的冷風吹得人直打哆嗦。然而，跟隨他看過兩三家旅館後，果眞不若男子所說的那樣好，價格還翻倍，正想打道回府時，他卻說不要就算了，丟下我揚長而去，留下整排的空蕩街道。敲了敲剛拉下的鐵門，沒有回應。我不死心，又再多敲幾下。

「還有什麼事？不是沒有要住嗎？」旅館主人睡眼惺忪地從旁門探出頭來。

「想請問 Uros Hostel 怎麼走？」這是腦海裡唯一一間還有印象的。

「那麼早還沒開，而且這時間走在路上很危險。」

「那怎麼辦？」我慌了，心想或許只能認命住下。

「放妳一個人在外面也不是，進來沙發坐吧，等天亮再出去。」說完還從房裡丟出兩三條毯子給我。驚魂未定的我坐在沙發上，懊惱著自己怎麼這麼容易相信別人？卻同時也為這世界總有值得信任的人感到溫暖不已。那天在普諾市中心走逛，與穿著傳統服飾的普諾人擦身而過，心中卻沒有太多漣漪，印象較深的僅僅是整城令人打顫的低溫。當小鎮的特色因為金錢需求轉型成另一種迎合方式時，只見沿街店家販賣起款式趨近一致的紀念品、推銷大同小異的蘆葦島一日遊，若一處的美要讓更多人看見的同時，終究會走上這樣的路，想起一早商人待我的方式，仍感到遺憾。但無論如何，來到普諾的唯一要事，還是前往領事館申請簽證。

循著住址、穿過市中心，來到 Arequipa 路上一間不起眼的鵝黃小屋，二樓懸有紅黃綠相間的玻國國旗。一上樓，便傳來招呼聲。「嗨，妳也是要辦玻簽嗎？」一個頭戴毛織帽、皮膚黝黑的大男生用英文問到，見我拿出綠色護照後，他立刻切換成相當熟悉的腔調：「這麼巧，我是桃園人，妳呢？」沒料到會在這裡遇見臺灣人，不僅倍感親切，還相約一起坐車往玻利維亞去。

領事館大叔聽我們來自臺灣，二話不說就拿起申請單讓我們填寫，還教我如何去街角的影印店列印住宿證明，資料一切備妥後，便寫給我們繳款銀行的地址，先前被拒的擔憂一掃而空，取而代之的是迎向未知旅程的興奮。「旅途愉快！」早上十點申請，中午來取件時，好整以暇的大叔笑咪咪地將擺在桌上、貼有三十天玻利維亞簽證許可的護照遞給我，當異常順利拿到傳說中的簽證時，反倒有點如夢似幻。

離去前，又碰見另個在利馬工作的臺灣女生、在朋友的陪同下前來，也打算申請簽證。「妳一個人來嗎？

太勇敢了吧！」一天之內在南美洲遇見兩位臺灣人的機率實在微乎其微，於是與她多聊了一會兒才走。截自此刻，不曉得聽過多少次勇敢的稱讚，我一直渴望成為一個不斷去挑戰自己的人，殊不知，變得勇敢，倒是自己不曾想見的樣子。

隔日一早七點半刻啓程，「旅途愉快。」面對這段許久沒被記載在攻略裡的旅程，換我對自己說。

即使聽不懂隨車人員的西語解說，首次體驗陸路過境的我仍難掩興奮，手中握著亮晃晃的玻國入境紙，像藏寶地圖。這段開在安地斯山上的路，沿著湛藍湖面蜿蜒，壯闊的原野綿延向天際，正陶醉於一路的風光明媚，不知不覺已然抵達邊境。抵達關口後，一條窄街上的兩間小屋就是辦理出入境的地方，海關人員豪邁在護照上蓋下戳印，揮揮手，示意通過。步出辦公室時，我低頭把錶調快一小時，徒步穿越劃分兩國國界的拱門。於路的另一頭再度上車後，近中午時分，才在中繼站科巴卡巴納（Copacabana）稍作停留。這裡是同行臺灣男生的終點，我們於是互道珍重。

下了車，信手在廣場對街的攤販買了長得有點像咖哩餃的東西，想隨意打發午餐，後來才知道這個平民美食叫「Empanada」，薄而實的麵皮包入牛肉、雞肉或起士口味的內餡，一口咬下時，不僅香氣四散，還會溢出湯汁。趁還有些時間，我繞城鎮走晃，最後沿一條主幹道一路下坡通往的的喀喀湖，當時，晴空萬里下隨風而起的浪花，既像散了滿湖的碎銀，又像被揉折的綢緞，美得過分，也興起回程時要在這個湖畔小鎮多做停留的念頭。傍晚，步出玻國首都拉巴斯（La Paz）的車站後，爲了能參加隔日一早在烏尤尼鹽湖（Salar de Uyuni）團，趕忙又搭上夜車，準備迎接十四小時的顛簸。

夢想不是掛在嘴邊炫耀的空氣，而是需要認真地實踐。等到對的風，我們展翅翱翔。沒有風，只要擁有足夠強壯的翅膀，照樣拔地飛行。人生最重要的不是完成了什麼，而是如何完成它。

—九把刀

獨行的亞洲女生

上了往烏尤尼的巴士後，我瑟縮在靠窗的位置對手心哈氣，試圖讓自己暖活些，一個頂著捲髮的男生在身旁坐了下來，當時沒注意太多，只想把自己趕緊丟進夢鄉，好度過接下來這個顛簸的晚上。

「哈囉。」一聲鏗鏘有力的招呼，才轉頭便與他四目相對，黝黑膚色襯著深刻輪廓，臉角還留有不羈的落腮鬍，挺帥的。不曉得從何時開始，在對方開口前，我已能漸漸預測接下來的問題：妳怎麼敢一個人？妳爸媽怎麼放得下心？這些恐怕是綑綁住很多人的理由，從前的我也不例外。

「妳一個人？」果不其然，他的夥伴也好奇地湊過頭來。縱使這個搭訕的開頭並不突出，他卻緊接著說：「妳是我第一個遇到獨行的亞洲女生，才特別想認識妳。」碰巧都在來到玻利維亞前遊歷了巴西，話題一下子就聊開。操德國口音的他，黝黑皮膚透露來自南非的過去，爲了出來走一回，便率性把大學給延畢，他笑著說：「生命意義在路上，所以我出來找教室裡找不到的東西。」聊到一半，忍不住問他：「你覺不覺得東西方人有時眞有些隔閡？」「因爲我認識的亞洲人每次都聚一起，」他理直氣壯：「不是不想認識，是很難靠近！」巴士引擎轟隆隆地轉了起來，整個人也跟著晃盪好幾回。「所以，希望妳能繼續走下去。」

此時，巴士上的燈滅了，我卻覺得如此明亮。隔閡，可能來自出生背景、成長環境或社會價值，但有時，是我們自己把城牆給築了起來卻不曾發現。無知的成見宛若旅人所背負最沉重的行李，使我們不論行至何處，都疲累得喘不過氣，無法敞開心胸去感受眞實世界。

怎麼敢一個人？出發前，拿這個問題問了自己無數次，其實，是上路以後才發現自己可以的。回想去許多人說旅行是打開視野的一個很好方式，以身體力行的方式去體會一件事情是不是眞的。回想去印度前，曾被手中握有的資訊恐嚇得戰戰兢兢，啓程時則幾乎呈現備戰狀態，直到眞正去到那裡，才發覺印度人的熱情可愛。在南美洲的這一個多月以來也是這樣，獨自一人不是不害怕，反倒像是出發前的高度警戒與眞正狀態如釋重負的落差，是眞實世界沒有想像中的不友善，是眞實世界令人不再害怕。縱使在旅行中遇見了不友善的人，只要知道還有很多願意向我伸出援手的人；縱使在旅行中生病，只要學會之後該如何照顧自己；縱使在旅行中被意外困住、打亂計畫，只要知道沒有什麼難關是過不了的，還是能繼續走下去。至於爸媽怎麼放得下心？即使背起背包走過再遠的路，兒女的安危總是父母心頭最放不下的，我想，爸媽從沒放下心，只是願意相信我，如此而已。作功課、報平安都是基本工，唯有當想出走探看的心有家人相挺，如同找路的靈魂有家鄉的月亮指引，才能夠無畏前行。

巴士離開大城市後，駛入漆黑一片的荒野，在滿是碎石的野路上，晃盪直到天明。

天空之鏡

玻利維亞政治動盪不安，示威遊行不斷，據當地人說，在我抵達前不久，才剛結束一波封路的罷工抗議，算是相當幸運。

玻國最廣爲人知的景點非「天空之鏡」莫屬，其所在的烏尤尼鹽湖盛產岩鹽與石膏，面積是世界第一。據說雨季時，雨水會在鹽晶上形成薄薄一層水面，直接將天空反射並延伸至一望無盡的天際，形成天地合一的倒影景象。而前進這裡的最佳方式，就是從鹽湖旁的小鎮烏尤尼出發。

烏尤尼位在玻利維亞最南端，與智利、阿根廷接壤，甫打開車門便感受到極凍溫度，從領口竄入的冷風叫人直打哆嗦，三步併作兩步仍不足夠，非得在半路解下行囊、戴起手套，風才願意放棄綁架我的末梢神經。在火車站附近有許多旅行社提供各種不同天數的行程，我報名了爲期三天兩夜的鹽湖團，但沒想過是要去另個世界旅行。

同團的是三位德國女生與一對捷克情侶，一行人乘著八人座吉普車，從小鎮駛入荒原，但在蒼茫大地之上都不見路，司機倚賴經驗和地上一條條車痕，行在浩瀚無垠的藍天白地之中，這也是此處不適合獨自前來的原因，才出發，就已經不知身在何方。

十九世紀的烏尤尼曾修建許多鐵路供礦物運輸，但由於影響到附近居民的生活，最終遭廢棄。當時的火車被棄置在附近一塊空地上，成一「火車墳場」，如今已是必遊景點之一，也是我們的首站。不成列的車廂散落在一條不見盡頭的鐵軌四周，歲月沿軌道轟隆隆一路向前、不曾回首，而與世界脫軌的一段時光被擱置在這裡。當中一處早已斑駁鏽蝕的火車頭上，漆上十分顯眼的四個白色大字

「ASI ES LA VIDA」，西文「這才是人生」，在匆匆人生裡留下這樣一個凝滯的喟嘆，原來，人的一生終究也只是化作歷史洪流裡的一點。來到這裡，才發覺世俗瑣事的糾結再也不值得煩心，因爲這才是人生。

世界太大，大得超乎想像，每每壯麗的風景在眼前展開，仍難以置信這是同個世界。車子又往前開了不久，路面羅列的六邊形鹽塊向遠方延伸，直到成爲整片遼闊的雪原，即使到訪時適逢旱季，我發覺是不是天空之鏡已不再重要，因爲得以立足於傳說中的聖境，就足夠幸福。我們跳上一個個隆起的鹽晶小丘興奮拍照，也玩起大自然賦予的特效，中午，就著這片雪白野餐巾席地而坐，即使被鹽晶反射的陽光有些刺眼，在廣袤鹽地上聊天的興致依舊不減。

於鹽湖裡續行的午後，巧遇一座兀然聳立的孤島，正睥睨著周圍整片白漠，它遺世獨立的存在，令衆人稱奇叫絕。緩步上島後，發現滿布島上的仙人掌都粗大得與人等身，此外，還有幾條小徑一路通往島的最高點。「可以請妳幫我拍照嗎？」正當我氣喘吁吁、一步步試圖向高點前進時，一個男生在轉角處問我。當拍完照準備續行時，聽見他操著相當熟悉的口音，轉頭和朋友對話。

「你是巴西人嗎？」我忍不住問到，因爲剛才聽到他說葡文。「你會葡萄牙文？」這才發現對方竟來自Joinville——一個月前我在巴西當交換學生的城市，因緣際會下相談甚歡，還合影一張以紀念世界眞小。攻頂後向下俯瞰，數十輛載滿遊客的越野車就像一艘艘船隻，停靠在島前的港灣。在超現實的幻境裡遇見熟悉的人，腦海裡湧現一個月前的點滴，時光紛飛，在過去與現在，彷彿找到夢境和現實交會的光亮。

傍晚，抵達第一晚的住處：鹽磚旅館，顧名思義，觸目所及都由鹽塊打造。這裡，不只水資源相當珍貴，過了晚上某個時刻後也會爲了節電而斷電；這裡，入夜氣溫會驟降至零下，即使穿上五件毛衣再躲入睡袋，仍會瑟瑟發抖，皮膚也會忍不住在乾冷的空氣中龜裂開來。方圓幾百哩內大概就只有這座住處，晚間的旅館因此聚集來自各旅行社的遊客，而我們的司機大哥相當貼心，爲團員備好可以塞入睡袋的暖水袋，睡前領取時果然引來眾人欣羨的目光。那晚，我睡得很好。

次日向更南方去，途中行過更多火山與高原湖泊。

高原烈日將雲靄化作棉絮散落在山巒頂空，山稜刻劃在藍天裡的溫柔線條美得超乎想像，置身那樣的場景，我彷彿化身童話故事裡的主角；各色奇形的風化石散落在群山間，我奮力攀上高處，敞開雙臂迎風如騰空飛行，在嶙峋怪石跳上跳下，興奮如山野的頑童；當佇立在一行最南端名叫「Volcano Ollague」的火山前方，我止不住令想像翻越邊境，馳騁在往智利的風光。第二天的重頭戲是進到「Laguna Colorada」保護區，那裡是

紅鶴的天堂。由於屬於火山活躍帶，各種不同的礦物和重金屬溶解在潟湖裡，使湖泊呈現奇異顏色，又同時供應大量水藻於此生長，湖面因此點綴了成群覓食的紅鶴。只見牠們緩緩昂首，下一秒又迅速俯身、埋頭入水啄食，在這種人跡罕至的地方，彷彿人間仙境般的存在。

一路上的湖泊與山岳，各有各自的精采與風華，五顏六色在這片大地上完美交融，令人止不住在每個轉角佇立讚嘆，在每次的凝望裡安然無言，僅僅是這樣，就已因爲這片浩瀚與輝煌，而感動到不能自已。

穿越高山、行過低谷，那晚來到了此行的最高點：海拔四八〇〇公尺，與西藏的珠峰大本營僅差了五〇〇公尺。而我，竟產生了高山反應。

幾乎不流鼻血的我，一到旅館就發現溫熱的液體源源不絕地從鼻子流出，我使勁捏住鼻頭，血卻沒有止住的跡象，除此之外頭痛也越來越劇烈。鄰團剛好有名護理人員，見狀立刻把捲成長條棒狀的衛生紙塞入我的鼻孔，並下令靜坐休息，警告如果鼻血再流，定要立即下降高度。

「可是我還不想回去呀。」明知道不行，卻忍不住在心裡無聲反駁。

司機替我泡了古柯茶*，捷克女生則遞給我她出發前買的古柯葉，安地斯山脈上的幾個國家都有喝古柯茶、嚼古柯葉的習慣，據說有減緩高山症不適的功效。我於是聽命喝茶嚼葉，祈禱一切無事。隨著天色漸暗，溫度比前一晚還要冷上許多，德國女生索性帶起團康，在遊戲的攻防和歡笑間暖活了，也漸漸忘卻身體的不適。事後回想起來，當時害怕的並不是高山症帶來的危險，而是要被迫撤退的遺憾，不禁啞然失笑，原來可以爲世界著迷到這種程度。

最後一天起了個大早，爲的是趕到附近的高地看日出。車子疾駛入黑夜，像暗夜竄逃的軍旅，

* coca tea，用古柯葉泡的茶。

此時，兩旁的地面開始噴發充滿硫磺味道的陣陣白煙，它們從洞孔裡爭先恐後地竄出、滋滋作響，最後，抵達一處據說是世界最高的露天溫泉。當太陽從遠方地平線緩緩升起時，便見闃黑一片的大地又重新被泥紅的沙石礦地取代。

漫長的回程路上，車裡反覆播送名爲〈龐貝城〉的歌。歌詞描述原是一場被火山灰掩埋的災難，卻因此避過了被俗世摧毀的命運，「But if you close your eyes, does it almost feel like nothing changed at all...」磅礡的聲音填滿了車廂和胸口，那些變化萬千的高山湖景，像極一場闖進國家地理頻道的意外。荒蕪高地漸漸被流水草原取代，又見到羊駝和駱馬了。

結束三天兩夜的鹽湖行回到烏尤尼後，時空錯置的感覺令人十分不習慣。在巴士站的接待處等待回程車時，電視正巧在轉播世足準決賽，德國大勝主辦國巴西，電視前的一對德國情侶難掩興奮、熱烈擁抱；我卻不禁想起遠在巴西的朋友，待世足賽告一段落後，公共建設是不是就能重新上軌道了？

告別這處天堂之境前，我默默許下了願。

路人，警察，黑色轎車

作家三毛在往拉巴斯的飛機上曾寫到：「坐在我後面的歐洲人嚇癱在座位上，向空中小姐要氧氣了。坐在前面的一個日本人也開始不對勁，嘆了一口長氣便不出聲，兩個空姐捧著氧氣瓶給他們呼吸，弄得全機的旅客都有些惶惶然。有人想安慰別人，另一個乘客趕緊說：不許講話，要節省氧氣。」從沒認眞看待這段引人發笑的文字，直到走上拉巴斯街頭，那天清晨只有攝氏三度，又因她是高原上的山城，海拔三七〇〇公尺，一路只有陡坡和緩坡的差別，沒有平路的選項，光是從公車總站出發想找個鄰近的旅館下榻就令人喘不過氣。

「需要幫忙嗎？」一位看上去與我年紀相仿的女孩，操著一口流利的英文主動問我。沒想到初識玻國就遇上主動幫忙找路的好心人，實在幸運。不過每走一步路，肩上的背包就越來越沉，跟在她後頭，心想怎麼還沒到。一個陡坡爬不到一半，突然有個黑衣男子擋在面前：「請出示護照。」領路的女孩此時相當熟練地秀出她的證件，跟我說這是警察例行性的治安維護。「現在要我半路拿護照，有沒有搞錯？抱歉，我塞在背包最深處。」一心只想趕快找到地方歇息的我，口氣不是太好。

「要看到證件妳們才能走！」自稱警察的男子厲聲堅持。

「等到了旅館把背包卸下來後再給你看，不行嗎？」也不知哪來不甘示弱的勇氣。

「不然這樣，我載你去旅館吧，比較快。」話才說完，路旁就開來一臺黑色轎車，如此戲劇化的橋段，使我憶起前人遊記裡的三人詐騙組合：好心領路人、假警察、把人載走的司機。突然慶幸自己閒暇時候最喜歡看的就是別人的遊記。

即使嚇出一身冷汗，仍假裝鎮定、大吼一聲「我用走的」之後，便頭也不回地緩步上爬，此時腦海裡閃過各種魂歸異鄉的可能。

好險，他們最後並沒有跟上來。但坐定在旅館的床上許久，我仍驚魂未定。

有「南美西藏」之稱的玻利維亞，擁有海拔比拉薩還高的首都拉巴斯，名字於西文裡的意思是「和平」，但自十九世紀脫離西班牙殖民後始終政變不斷。它的市中心位於峽谷底部，於谷底接壤山坡處綿延普通平房，貧富之懸殊可從成千上萬、如積木般堆砌排列滿整面山坡的貧民窟窺知一二，城市最高和最低點落差了近一千公尺。它的貧窮和原始對遊客來說可能是物價低廉又風情萬種的好去處，但對當地人來說，卻是歷經興衰後百廢待舉的考驗。

我沿貫穿市中心的大街走，行經 Los Heroes 廣場上醒目的教堂，也彎進後方販賣民族手工藝品攤商的聚集處，這裡的羊駝毛衣是我所見過最便宜的。

不曉得是高度、坡度還是對一早遭遇心有餘悸的緣故，沒走多久就感到疲憊，此時轉角處 Cafe del Mundo 洋溢歐風的店面立刻吸引目光，對南美食物感到有些疲乏的味蕾終於得以從西式菜單上重獲新生，最後乾脆掏出日記本，於此消磨一下午。

正沉浸在一片寧靜氛圍裡，店員趨前問我是否還需要其他飲料，我則趁機問他前往機場的路是否有較爲安全的方式。聽完我娓娓道來今早的遭遇，這名店員Alan提議：「不然明天妳要出發前來店裡，我帶妳去。我明天不用上班，陪妳搭車去比較安全。」離開時，一路伴我去機場的他甚至替我付了巴士錢。即使無法知曉下回的相遇會在何時何地，人與人間互助互信的溫暖卻已讓旅行中的瞬間成爲永恆。

「很多人闖進你的生活，只爲了給你上一課，然後就轉身離開。」這句曾爲電影《戀夏500日》畫龍點睛的話，在幾年後的旅途路上又讓我重溫了它的磅礡力量；一段被分享在背包客棧上的文字也有異曲同工之妙：「旅行中遇到的每個人，背後都有個要帶給我們的訊息，找出這些屬於我們各自的訊息，然後也讓別人從自己身上發現給他們的訊息，這便是旅行眞正的意義。」每段路上總有不同風景相伴，有時是從街角滿溢而出的咖啡香，有時是一片溫柔無垠的海，有時是樹上鳥兒啁啾的樂音，或是路旁那簇叫不出名字的野花，有時是同時刻搭上同班列車的旅伴，抑或恰好在旅店裡因爲睡上下鋪而結識的緣分。各種風景，無論相伴的時辰或長或短，都有意義，而這一切，都是因爲在對的時間點拐過那個彎、走進那間店後，我才明白的。

真的在亞馬遜

傍晚抵達拉巴斯機場，行李都確認登記上機後，才在候機室被通知飛機故障停飛，天啊，我報名的亞馬遜團是明日一早八點呀！突如其來的消息令人震驚不已，在排隊等待退費時，聽到前面的一位中年男子向辦事人員詢問是否可以加開明早的班機，手足無措之際決定上前搭話。

「嗨，你也參加明早八點的團嗎？」「是啊，沒想到會發生這種意外。」男子苦笑：「這下子今晚得另覓棲身之處了，要一起去找嗎？」當下覺得同是天涯淪落人，沒想太多便答應。

相聊之下，他來自瑞典，以四處旅行為志業，兼任老師來賺取旅費。領著機場補償給我們的住宿費用，一起搭車到鄰近小鎮下榻，那筆錢住得起兩星旅館的雙人房，不但洗了過癮的熱水澡，夜裡入睡的被褥還帶有香水的味道。那晚，他興奮地與我分享行過的路，一不小心就聊到大半夜。印象中有句話這麼說：「人生，才是我們的正職。」旅途中，遇見了形形色色的人，而這群人的共通點是各自都擁有一段精采的故事，在他眉飛色舞的笑容裡，找得著那句話的真意。

隔天一早六點，我們乘著十六人座小飛機順利起飛，不到一小時的時間便搖搖晃晃地降落在魯雷納瓦克（Rurrenabaque），它是玻國最接近亞馬遜河的小鎮，也是前往叢林旅人的基地。亞馬遜河流經的國家其實都有提供雨林行程，但其中就屬玻利維亞的價格最為親民。

進入雨林前，必須先搭整個早上的越野車行過亂石黃沙，一路都是未經整理的路段，不但屁股會飛離座椅，還要忍受從車窗間隙灌入的塵土飛沙。同行的團員有三位來自英國的男生、一位德國女生還有一對玻國母子，四位與我年紀相仿的年輕人都有不輕的菸癮，菸味瀰漫在悶熱的車廂裡，

搞得我暈頭轉向。歷經三個多小時的顛簸後，終於抵達河畔，迎接我們的是位有雙壯碩臂膀、一身棕褐膚色、於此生活超過二十載的獵人，腰間還繫了把彎刀。他微笑邀我們上船，要前往雨林深處預備下榻的樹屋。

坐在電動浮艇裡，馬達隆隆轉著，我們沿河流蜿蜒向遠方，兩岸蓊鬱的林木夾道而生，掌舵的獵人有時會刻意關掉馬達，推著舟隨水流，讓滿林的唧唧蟲聲盈耳。在岸邊俯身不動、慵懶晒著太陽的凱門鱷，只剩眼珠子骨溜溜打轉，倒落的粗大樹幹上堆疊成落的烏龜也絲毫不願錯過享受日光浴的大好機會；松鼠猴於林冠間靈巧穿梭的金黃身影，整圈棕黑色的眼影相當搶眼，樹林間傳出此起彼落的啼叫、嚎叫和尖叫都是牠們超高辨識度的嘹亮嗓音；那些盤旋頂空的鷹和佇立樹梢的鷺幾乎都是從沒見過的，忽然，一隻巨鳥刷地一聲展翅、從後方飛過我的頭頂，於是心情也跟著高飛盤旋，久難回神；至於偶然在船身不遠處激起波紋的粉紅色海豚，則是另個高潮。

正吹著亞馬遜的風，並不太悶熱，一切都是那麼剛剛好，剛剛好像極我最終走到了這裡，不曉得是生命的偶然，或是命中就注定有這麼一天能造訪我的夢中林。「真的在亞馬遜。」我呢喃著，確定自己不是在做夢。

天啊！眞的在亞馬遜。

這天，被安排在一間架高的樹屋裡，每人都有各自獨立的床位和蚊帳，廁所則搭建在穿越長廊後的小木屋裡，偶有冷水可供盥洗。當晚的夜間活動是帶著手電筒搭船出河，尋找河岸叢林中偶然的赤色反光，那些反光來自白天打盹、夜裡覓食的凱門鱷雙眼。結果入睡的夢裡，全是牠們炯炯有神的眼光。

翌日，在樹屋旁挑了雙合腳的雨鞋，準備前往水深及膝的溼地尋找傳說中的巨型森蚺。它是世上最大的蛇之一，最長可達九公尺，雖屬無毒蛇，但靠著龐大體型，仍有直接以蠻力致獵物於死地的威力，獵人說：「前些年，有位旅客不小心踩到巨蚺，結果整個膝蓋被咬到深及見骨，只得搭機送回首都治療。」聽聞此話，不禁打了個寒顫。

當天太陽高掛，表示是個尋蛇的好日子，果然才走沒多久，獵人就不費功夫、輕而易舉地找到小蛇，並交到衆人手上輪流把玩。但其實在泥濘溼地上涉水行走實非易事，即使走得很慢，還是會不小心踩到下陷的泥沼，此時，原野的水就會往雨鞋裡毫不留情地灌入，一想到雨林可能存在奇形怪狀的微生物，就令我渾身起雞皮疙瘩。

「快來！」不知何時已將我遠遠拋在後頭的獵人在遠方招手，那裡同時也聚集了一群人，我奮力向人群邁進。

「怎麼那麼慢？給妳抓。」一番折騰後好不容易來到獵人面前，交到手上的是條沉甸甸又滑溜溜、單手無法圈住的粗壯大蛇，我試圖將牠向上提，但實在太重，想再握緊些又怕弄痛牠，就在還摸不著頭緒也見不著牠頭所在位置的情況下，獵人爲我拍了張與巨型森蚺的紀念照，並咧嘴笑說：「妳運氣眞好！這是幾個月乾季以來發現最大隻的。」當下，實在感到雀躍不已，根本忘記害怕，如今回想起來，不禁懷疑自己當時是發了什麼瘋。

午後，獵人划船載我們一行人前往食人魚較多的流域。

以齜牙咧嘴、無肉不歡模樣深植人心的食人魚，是很多人對亞馬遜河的第一印象。我們以淌血的魚肉作釣餌，但釣餌總在拋竿入水的瞬間就失去蹤影，傳入掌心遲來的拉扯，則帶著幾分食人魚戲謔的嘲弄。垂釣了一下午，僅有寥寥數次的幸運上鉤，拉扯之間，還終究只淪爲人魚大戰的輸家，力量之蠻橫甚至令我差點跌入河裡。當衆人皆望河興嘆時，團裡的玻國大媽倒是很得要領，陸續收獲七隻食人魚，開心爲當晚加菜。垂釣期間，還發生獵刀在切魚過程中滑落水裡的意外，而獵人毫不猶豫就解下外褲、翻出船外，進到黃濁的河水裡尋刀，當時船上的我們全都看傻了眼，他不僅毫不畏懼河中虎視眈眈的食人魚，獵刀對他而言的重要性也不言可喻。「沒有流血就不用擔心。」尋獲返船後，獵人說得一派輕鬆。

傍晚，去到一片有排球場和小酒吧的草原上，在那等待日落。夕陽餘暉在大地鋪上一片金黃，球場上的來往都成了剪影，濛濛霧靄輕披在荒煙漫草間，成群黑鴉鴉的蚊子越聚越多，我朝身上瘋狂噴撒高濃度的防蚊液，擔憂起沒服藥的自己會得到瘧疾。此時在一旁呑雲吐霧的德國女生Carline拿了瓶酒，轉過身來問我想不想喝，想借此轉移惱人飛蚊的注意力，於是和她聊起天來，聽她說起不爲人知的過去和醞釀在不遠未來的夢，才驚覺儘管只相識了數個時辰，卻意外契合如十年同窗。

那晚，垂掛在河面斗大的月亮毫無保留地灑落月光，是這輩子看過最大最圓的月亮，如此之近，彷

佛伸手就能攬入懷中。在這之後，眾人爭睹的中秋月亮、超級月亮、藍月或血月不知怎麼反覺疏離，至今最喜歡的，還是那顆懸垂在亞馬遜河畔的月亮。

這幾天來一直專注於外界事物，忙著東張西望、找尋獵人指引的方向，這樣的專注有種單純的滿足感，這種生活不需要察言觀色、處理複雜的人際關係或分析事情直到腦袋打結。進到叢林裡的這三天，我清楚感受到自己每一口的吐納，人生本不就該這個樣子？明明是沒有電、沒有燈、沒有熱水的日子，卻感到前所未有的滿足。數年之後，也許會記不得食人魚的味道，也許會忘掉亞馬遜的風拂上臉頰的感受，只要搖一搖那瓶才三天就用到所剩無幾的防蚊液，是不是就又可以讓幾日雨林裡的時光重新翻飛？

離開雨林時，一切不真實感都被奇癢無比的屁股給拉回現實，這回，一堆被蚊子叮的包全都集中在屁股上，那是上廁所時暴露超過防蚊液守備範圍的地方。回程，又是三小時的折騰在等我，不過歷經三天團員們幾十分鐘就點根菸的密集訓練，這次對菸味應該能相當適應了。（結果他們加碼演出教我捲大麻菸！）

甘心做一條水草

離開拉巴斯後，搭著小船一路從科巴卡巴納來到太陽島的北端碼頭Challapampa，是一行中最接近蔚藍的地方。

的的喀喀湖區是印地安文化的起源地之一，因此留有許多神話，就連湖本身的名字，在朗念的音韻間也似乎摻有傳說的神祕。其湖水來自安地斯山脈融化的雪水，在春暖花開的時節，冰雪會融化流入湖泊之中。散落在湖面的四十多座島嶼，西北面屬於秘魯，東南面則屬玻利維亞；湖的兩端也各有風光：秘魯一方最著名的就是一座座以蘆葦草編織而成、可以住人的巨型浮島；

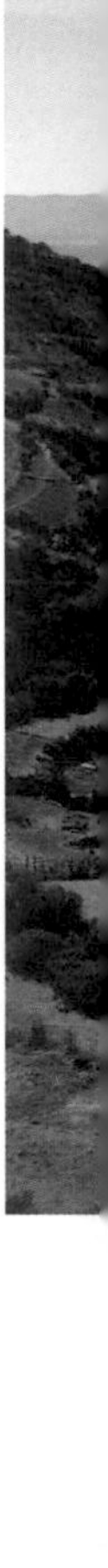

在玻利維亞那側的島群中，最耀眼的莫過於距離科巴卡巴納不遠的「太陽島」，自古就被印加人相信是太陽神的誕生之地。而玻利維亞的的喀喀湖因尚未過度觀光化，口耳相傳的迷人景致令我早早就打算利用半天時間來一趟從北到南的健行。沒想到，在海拔近四〇〇〇公尺的高度，即使走在緩路上，也禁不住氣喘吁吁。

太陽島上人跡罕至，往往穿越了無數的茅草屋頂和石砌圍牆、走上十幾分鐘才會遇著一位村民。他們有的種菜、幹活和除草，有些則趕牛、牽驢或餵豬，一旁湛藍的湖水在太陽映照下閃著點點金光，生活的樣貌於此顯得相當簡單自在。佇立在湖灣上方聳立的高處，回望那鋪覆在稜線上細長的山徑，彷彿是蒼穹之間通往天庭的去處，然而路徑雖然明顯，卻是條崎嶇不好走的路。一路上，許多印加遺址或散落在步道兩旁，或堆疊在波瀾廣闊的湖畔山坡之上，極目豁然開朗的景致爲之增添姿色。多數時候，沿途只聽得見自己的喘氣聲、衣服磨擦聲和樹葉被風吹動的沙沙聲，除了天邊偶而滑行而過的飛鷹，只有頂上高照的豔陽一路伴我，蘇軾遊赤壁時遺世獨立的興嘆應大抵如是吧！

然而，原以爲三小時的健行路線，卻因意外走叉了路，直到爬上插有旗幟的全島最北端才猛然驚覺自己走錯路。這下可糟了，原先綽綽有餘的時間，如今所剩無幾，使我幾乎要趕不上打南面碼頭 Yumani 回程的船。顧不得已經上氣不接下氣仍加快步伐，甚至小跑步起來。對平時就有慢跑習慣的我來說，那意外成爲至今跑過最美的路線。

兩小時後，才總算見到有開墾痕跡的層疊山丘，知道碼頭近了。在健行終點等待我的是兩個印加王塑像，及岸邊傳來催促的叫喊聲，原來回程的船已停靠碼頭多時，我鬆了口氣，趕緊奔跑而下。臨行上船前，不捨告別了曾經只屬於我的豔陽，留它在那座島嶼上。

高山上的一湖瀲灩，令人不禁有同徐志摩甘心做柔波裡一條水草的心情，只是對我而言，面對一番難捨的風景，要轉身離開其實很難，因此即使至今，我仍在學習揮一揮衣袖卻不帶走一片雲彩這般笑對紅塵的豁達瀟灑。

印加帝國的肚臍

若因搭夜車而錯過從普諾到庫斯科（Cusco）這段路程的景致，聽說是件相當可惜的事，我因此捨棄在夜裡移動的習慣，先行於普諾訂好返程時 **Inka Express** 的車票。這個觀光巴士套票不僅沿途停靠景點，有隨車導覽介紹、車上專人服務，中午還有自助餐吃到飽，儼然是個豪華旅行團。倚身在巴士柔軟的座椅上，將椅背調整到最舒適的三十度傾斜，座位寬敞到還可以翹腳，望向窗外正上演的一幕幕秀麗風光，突然覺得在簡樸的行程裡安插如此奢華的一天也挺好的。

沿途，在 **Pukara** 遇見教堂前正在舉行婚禮的一對新人，眾人在民俗樂音中陶醉搖擺，像唱跳歌舞秀，連在一旁都不自覺跟著打起拍子；在 **Raqchi** 參觀印加人祭祀「**Wiracocha**」的巨型神廟遺跡，那是對多神論的印加人而言，在太陽、月亮、彩虹等諸神之上的終極造物者；在 **La Raya** 穿越安地斯山鐵路的最高處，呼吸在海拔四三〇〇公尺那沁人心脾的清新空氣，駱馬和羊駝就在不遠處與我四目相望。中午吃飯時，導遊大哥大概見我獨自一人，不僅找來車上幾位服務員同桌吃飯，還滔滔不絕與我分享他的知識見聞，像是印加人天堂、人間及逝者存在的地界「三個世界」的觀念，還有「陰陽兩極、相互對稱」的概念，如太陽對月亮、房子蓋兩邊，我聽得津津有味，並隨手記下。往後的旅程裡，不僅讓我在馬丘比丘上的「三窗神廟」發現端倪，在得知印加人會依據動物形狀建造城市時，比如庫斯科遠看像隻豹，馬丘比丘則如兀鷹，腦海裡也浮現導遊大哥說過的話：「印加人心目中的三種神聖動物，就是代表智慧的蛇、代表力量的豹以及象徵宏闊視野的鷹。」

我本不是會花上整個白天搭車的旅人，這次，卻意外地值回票價！

傍晚抵達庫斯科後，選定 Ukukus Hostel 作爲接下來近十天的落腳處。雖然走至武器廣場需要花上近二十分鐘，但遠離市中心的喧囂，加上經濟實惠的價格，閒暇時候，附近還有什麼都賣的 San Pedro 市集和平價的現代超市可以逛，成爲截至目前爲止，最喜歡的旅舍。

「庫斯科」在當地方言 Quechua 語裡的意思是「肚臍」——印加帝國的中心點，在印加人民的認知裡更是世界的中心。印加帝國的版圖在巔峰時期曾經擴及今日哥倫比亞和阿根廷的領土，直到十六世紀西班牙人入侵，才結束持續近四百年的繁榮歷史。如今，殘存的印加遺跡上頭都還留有西班牙殖民過的痕跡，兩種風格融合形成的獨特市容，讓庫斯科躋身世界遺產之列。

隔天一早，我就迫不及待到市區裡繞。手撫石牆、腳踏石板路，我穿過一道道磚石堆砌而成的拱門，庫斯科城就像一座中世紀的小鎮，四處都是古堡環繞，紅白相間的秘魯國旗和七彩的印加帝國國旗插立在建築物上頭，沒有額外的繁複雕飾或五顏六色的裝潢，用一磚一瓦的原色呈現最質樸的味道。市中心依然是熟悉的武器廣場，四周則林立各式餐廳和旅舍，手持盾牌的警察就在廣場旁站成一排，不太明白這究竟代表安全還是危險？沿著街道走，可以發掘更多紀念品攤商和不斷招攬客人的旅行社，散發濃厚的觀光氣息。大部分時候庫斯科都如這天一樣，灰濛一片但沒有雨，直到午後，陽光才會穿過密布的烏雲透臉，此時，就像突然被調高感光值的鏡頭，磚紅色調的小鎮瞬間被打亮成嬌豔欲滴的玫瑰色，午後的庫斯科實在相當夢幻，我好幾次坐在街頭，就為了摘下那朵玫瑰放心頭。

除了廣場周圍的教堂、修道院和博物館外，城區裡印加遺跡密度之高，更是幾步路就會遇到一處，即使看到最後眼花撩亂，還是會注意到這些建築的一個共同特色：印加人巧奪天工的石造堆砌技術。他們既不使用泥漿，也不靠鋼釘，完全利用巧妙的鑲嵌技法讓那些形狀各異、大小不一的石頭契合得天衣無縫，市區裡，宗教藝術博物館側邊牆上嵌入的一塊「十二角石」就是最著名的代表。但時至今日，仍沒人猜得透印加人的技藝究竟如何達到如此精湛的程度，也沒人曉得在尚未發明車輛的年代，要如何運載如此龐大數目的石頭。整天的閒晃過後，我走進餐館點了道秘魯限定的經典菜色「羊駝肉」（Alpaca），因為早就聽聞羊駝不僅有柔軟毛皮可以做成優質保暖的毛衣，牠鮮嫩的肉質更是

餐桌上常見的佳餚，果不其然，精心烹調後淋上特調醬汁的美味羊駝肉，爲這天畫下了一個完美句點。

待在庫斯科的第三天，因爲懶得再爲大衆交通工具傷腦筋，就在廣場周圍隨意挑了間旅行社，報名參觀Moray梯田和Maras鹽田的行程，因此認識到墨西哥當完交換學生後獨自遊歷南美數國的香港女生Bonnie。

當天行程結束後與Bonnie結伴吃晚餐，聽她說起幾個月前香港《明報》前總編輯被砍、新界東北強行通過開發案，及七一遊行後朋友被捕時，她有多麼憤慨和惋惜，我才知道此時的香港正風雨飄搖。她的話不禁使我想起臺灣，因爲時間再稍微往前推一些，就是發生在立法院的太陽花學運；她的話也提醒了我，那塊遠方家鄉的土地上，還有很多值得努力去守護的事。

後記：從南美回來沒多久，香港就發生占中運動。「有些事情不是因為有成果才做，而是為了對得住自己才做的。」見她在網頁寫下這段話，並放上在公民廣場的身影，於是我傳了封加油訊息。一遍又一遍，她的字句在我的耳蝸裡奏樂，在我的視網膜上繪成一處風景，在我的右心房注入成為呼吸的吐納。為民主自由，我虔心祈求。

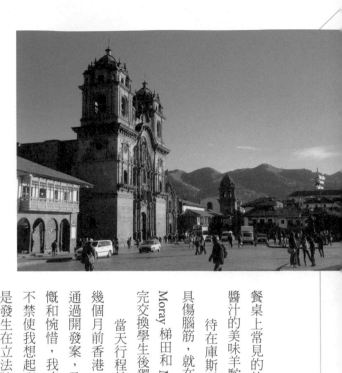

阿哩啉（ㄌㄢ）恰

有時，覺得自己的運氣眞是奇差無比，有時，卻又覺得自己簡直是全世界最幸運的人。在準備去爬馬丘比丘的前一晚遇上旅館無預警停水時，才得知近日庫斯科正在進行管路施工，當隔日一早被浴室嘩啦啦的水聲喚醒，起先還以爲下了大雨，縱使只來了五分鐘的熱水，能在五天不能洗澡前有淋浴的機會，已相當感激。

只要報名 Wayki Trek 旅行社的健行，就能獲得在行前一天先上山參與安地斯山原住民 Quechua 族日常生活的難得機會，儘管全團十三人就只有我一人參加，依然相當期待。那天，我獨自扛起登山大背包，隨當地人的腳步擠上迷你小巴、往山裡去。接待我的女孩叫 Maruha，我們先到市集把幾大簍青菜給賣了，接著沿途步行經過小學、民宅，然後抵達她家。

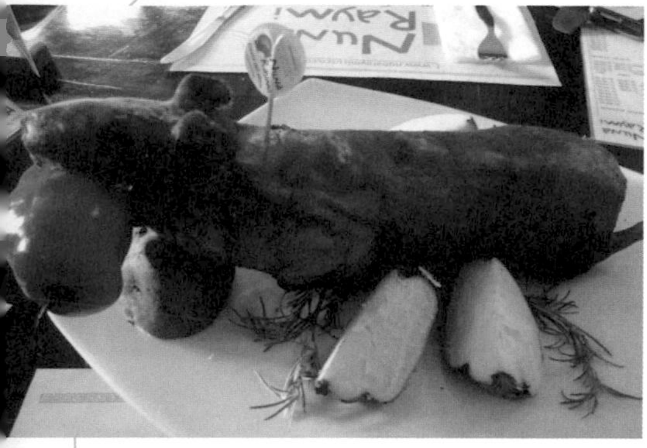

一踏進廚房，嘰嘰喳喳聲就不絕於耳，往地上仔細一瞧，一群亂竄的大型天竺鼠正是前一晚才剛與 Bonnie 一起享用的盤上佳餚。當晚在決定要吃什麼時，才發覺原來我們都一直想嘗試庫斯科的名菜之一：天竺鼠（Cuy），想吃歸想吃，卻又不敢一人獨呑整隻，如今恰好有伴同行，一拍即合。烘烤過的天竺鼠撒上香料，再搭配秘魯玉米和安地斯馬鈴薯一同入口，鼠皮香脆有嚼勁，肉質的口感和雞肉類似，味道不腥卻帶有一種難以形容的野味。才試圖遺忘在臺灣飼養於籠中的印象，怎麼眼前又出現更大一窩？

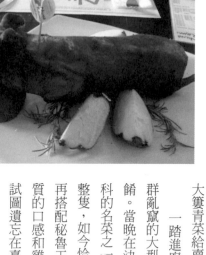

原來，對安地斯地區的住民來說，牠們既好飼養、繁殖又快，是很可靠的收入來源，因此家家戶戶都會在廚房裡養一群天竺鼠，Maruha 說雖然天竺鼠的肉含有高蛋白質，相當營養，但一般家庭只有在節日或祭典時才吃得到。

廚房裡的餐桌上擺著一碗已經蒸好的「mote」，那是好幾種玉米粒的組合，Maruha 指向外頭正攤在陽光下曝晒、五顏六色的成堆玉米：「妳知道我們秘魯有三千多種玉米嗎？」她興奮地說到：「這可以當早餐，也是招待客人的點心或無聊時解饞的零嘴。」嘗完玉米，她帶我到田裡見識如何收成。只見田裡的婦人熟練鏟起一叢混有玉米粒的長草枯枝、拋向空中，藉風吹拂的力量，在空中利用重力分離玉米，我跟著有樣學樣，可惜只是裝模作樣，被鏟起的玉米粒又不爭氣地重新混進草堆裡。最後到穀倉和 Maruha 的母親打招呼，她蹲坐在地上，伸出結繭又布滿皺紋的一雙手，試圖從成堆的馬鈴薯中一粒一粒挑出賣相好的，望著她痀僂的背影，始終不確定當她笑著說「要躲進我的行李、一起飛回臺灣」是認真還是玩笑話。

傍晚，在廚房裡學習剝玉米的技巧，Maruha 用手覆著晒到全乾的玉米粒輕輕扭轉，它們就全部脫落下來，但是我一轉，卻把玉米給轉斷了，弄得她呵呵笑。聊天的過程中才知道 Wayki Trek 旅行社的挑夫全都來自這個村莊，「阿哩咻恰？」陸續和幾位明日就要一起上山的挑夫夥伴見面，聽到我用 Quechua 語打招呼，他們都咧嘴笑開懷。爬上馬丘比丘後，才發覺這群挑夫真是驚爲天人，陣仗比我們整團人數要多上一倍，腳程更是快上兩三倍，儘管肩負沉重行囊，每回抵達用餐基地時，他們卻總是已經早早就把帳篷給搭好、飯給煮好、桌椅擺放妥貼，

抵達時更會列隊送上掌聲歡迎（儘管在暗夜深山裡突然掌聲四起挺嚇人的），能有這群夥伴在山林裡的陪伴，實在相當感激。

於是我也趁機問起這片山林的故事、打聽庫斯科最道地的菜色，還跟 Maruha 學了更多的 Quechua 語，甚至把馬丘比丘一帶山脈與遺跡名字的原意全給記了下來，親眼見著時，彷彿更能感同身受命名者的一番美意。這天晚餐是加進蘿蔔、馬鈴薯、雞蛋、玉米和大把青菜的大鍋湯，「這算是我們很豐盛的晚餐，希望妳喜歡。」的確相當好吃，我足足吃了三大碗。因爲房裡的睡鋪太小，擺放在原野裡的單人帳成爲今晚的過夜處，在安地斯山的星斗中，我睡得非常安穩。

以後，若有人說：「阿哩咻恰？」他是在用 Quecha 語問候你好嗎？「沒有什麼能比旅行中得到的經歷更特別了，所有沒試過的事你都可以試一次。」在旅行的日子裡，這句話實在再貼切不過，正因爲說他們的話、過他們的生活，而使得這些經歷不知不覺變成自己生命的一部分。

馬丘比丘

沒褲子換了。

我瞪大眼睛望著淚眼汪汪的洗衣店老闆娘，簡直不敢相信第一次送洗衣物就被弄丟，滿心期待換上乾淨的長褲來應和健行歸來的喜悅，如今反倒又複習了一次懊惱與無奈交雜的心情，在南美洲遊走的日子，這種感覺並不陌生。

黏呼呼的長褲裹著健行四天後的雙腿，裹著等待被釋放的汗漬與乳酸，「好吧，算了，沒關係。」硬是從口中擠出這些字、告別老闆娘，心裡尚存一線希望。回到旅舍後，迫不及待跑到公共浴廁想好好盥洗一番，扭開龍頭的瞬間僅僅滴下清脆的四響，那震撼宛如命運交響曲起始的四音符，「我們碰上庫斯科全城大停水囉。」老闆看著我，聳了聳肩。雙重打擊之下，我的被褥也同時被宣判了惡臭的死刑。

回房後，室友帶著各自的夢都睡了，我也帶著我的夢，卻沒法睡，或許因為那已不是夢鄉，是雙腳曾經踏足的彼鄉，心頭的陽光還耀著，馬丘比丘的色澤也還金黃。

兩年多前第一次走入山林的懷抱，這一抱便是著迷，令我為之傾倒，從手腳併用的北插天山開始，一路從中級山爬到百岳，甚至繞了聖稜線縱走一圈，直到去年底雲南的雨崩健行，那是第一次見識海外攀登的魅力，倒不記得是何時知曉印加古道的存在，但那的確是眾登山者心頭的一處聖山寶地，而今足夠幸運，得

以與秘魯結下緣分。四天的健行是早在半年前就預訂好的，政府基於保護遺產的理由，限制每天上山人數在五百人以內，而且即使價格不菲，旅客仍然趨之若鶩，究竟是怎樣的風景讓人花錢花得心甘情願，還值得六個月的引頸期盼？

「馬丘比丘」在 Quechua 語裡的意思是「古老的山」，是標準的雨林氣候，也因此擁有一個相當浪漫的稱號：消逝在雲霧中的城市。在西班牙人大肆侵略、摧毀印加帝國時，馬丘比丘因沒被發現而倖免於難，直到二十世紀的歷史學者根據文獻記載的線索，重新回到這塊土地探勘之後才重見天日，因此又被稱作「失落之城」。一般遊客透過火車或巴士，就可以從庫斯科沿烏魯班巴河（Río Urubamba）找到它，除此之外，健行也是一種方式，遠近馳名的印加古道就是其中最經典的路線，從庫斯科往「熱水鎮」鐵路的八十二公里處開始步行，歷時四天三夜。這是我千里迢迢前來的原因，也成爲理所當然的選擇。

此行的最高點會經過一處名叫「Warmiwañusqa」

的山坳，因爲它的樣子看起來像位橫躺的女人，因此又有個逗趣的名字：「死女人山口」，而那個貌似多出來的「死」字，或許是因爲從第二天的出發點海拔三三〇〇公尺，要一路陡上來到四二一五公尺高的這個埡口，簡直會要了登山者的命吧。自烏尤尼回來後，我似乎就獲得了對高海拔的超強適應力，途中越過這處山坳時並沒有感受到太多不適。這回和其他登山者同走在山裡，我看見自己兩年來長足的進步：即使背著重裝，仍有餘力欣賞沿途景致，人生真的有很多事無法預測，從踉蹌到穩健，才發現自己原來走了那麼遠。

四天下來，一路見著的遺址都擁有各自美麗的名字，如 Phuyupatamarca 是「雲霧繚繞的高地」、Winaywaya 是「永遠的年少青春」、Intipata 是「擁有終年陽光的梯田」，層層疊疊的雄偉遺跡兀然聳立在陡峭的山脊上，兩旁的斷崖峭壁之下就是日夜奔流的烏魯班巴河，佇立在崇山峻嶺的一片寂靜裡，眼前的飄渺雲霧彷彿是時間流逝的唯一證明，當一步步走在印加古道上，宛若也走進印加人的歲月裡，軍隊正駐紮在前方，帝國的文明也還輝煌。「看見石砌的古老建築物鑲嵌在青翠的安地斯高峰之間，激流自風雨侵蝕了幾百年的城堡奔騰下泄。在這崎嶇的高地，在這輝煌的廢墟，我尋到能續寫詩篇所必需的原則信念。」一路上奔騰洶湧的思緒無法止息，我似乎明白為什麼智利詩人聶魯達會在〈馬丘比丘之巔〉這首長詩裡留下這樣的字句。

健行的最後一天，儘管凌晨三點就抵達檢查哨，仍有人更早就來排隊等待。五點整一到，人潮陸續秀出護照和門票，魚貫通關，天還未亮，一群頂著頭燈、列隊前行的登山者像極正在進行某個神祕儀式的螢火蟲。盼望了整整三天三夜的終點已經不遠，但必須趕在日出之前抵達太陽門。它之所以稱作太陽門，是因為一年有這麼一天，黎明第一道曙光會精準地穿越門的正中央，照耀整個馬丘比丘。

大約一個半小時後，我們站在太陽門前，等待太陽從背後升起，當馬丘比丘的全貌甫映入眼簾，頓時，就已經置身在輝煌的太陽帝國裡。那是依傍在壯闊山勢間的一座大城，也是被石牆的幾何結構完美襯托的一座山，文化與自然交融的結晶在眼前展開，使得我幾乎落淚。

而後導遊領我們到馬丘比丘上頭，邊走邊解說。放眼望去，大規模的梯田上散落著各式神殿、祭壇、神廟和壁龕，其間還有具日晷功能的拴日石、觀測天文用的石臼及各階層的住宅群等遺跡，幾乎自成一個小型社會，但由於印加文明並沒有文字流傳，在考古學家費盡心力想要解開謎團之餘，這處多采多姿的遺跡依舊留有許多瑰麗的想像空間。老實說到後來，導遊的話再也留不住我的心思，那些研究、臆測甚至是猜想，在純粹的感動面前竟顯得如此多餘。

夜裡，室友越來越大的鼾聲將我從回憶拉回現實，透過鏤空的床沿見他熟睡的臉，心想他能睡得那麼香甜，或許我流的汗並不是太臭吧！自我安慰既然五天沒洗澡並不是我的最高紀錄，心裡倒也平靜許多。今天是在南美旅行剛好滿三週的日子，「轉念一想」是這些時間以來習得的新技能，也是自助旅行的必備良伴。

說再見的高深學問

日本江戶幕府時代，每當茶事舉行時，不論主客都會非常珍視，因爲即使是同主同客反覆舉行的茶事，也不一定能再現當下，因而彼此便懷著「一生一次」的信念，體會人生如同茶的泡沫一般轉瞬即逝，並由此產生共鳴。所謂的「一期一會」，頗有活在當下的意思，旅行的時候，腦海裡總常常浮現這美麗又深刻的詞話。

其實馬丘比丘除了人數限制外，還有條規定是不得私自攀登，必須透過旅行團安排、有官方導遊隨行才能上山。我們的導遊 **Rahul** 是個博學多聞又幽默風趣的大叔，「印加古文明在高地發展的結果，就是發展出令人嘆爲觀止的梯田技術。」他指著前方被開闢的山坡、熱切地解釋：「還有像 **Sayaqmarka** 這種居高臨下的遺址，除了住居還兼有瞭望臺與驛站的多重功能。很重要，快拍照！」我們時常被他逗得哈哈大笑。團員中，**RK** 和 **Tina** 是一對待人親切的美國夫妻，兩人以健行爲副業，幾乎攜手踏遍家鄉的大江南北；**Thomas** 和 **Markus** 則是兩個可愛的德國大男生，旅行上癮的 **Thomas**，信手拈來就是一則旅行趣事，因曾到過臺灣，聊起天來格外親切，笑容靦腆的 **Markus** 則令我感懷在心，記得健行第一天，我就不小心拐到腳，要不是他挺身相助、將我的背包一肩扛起，肯定不會恢復得那麼迅速。

不過才道別，就已經開始想念他們了。

從馬丘比丘回來後，在熱水鎮和美國夫妻擁抱道別時，竟忍不住淚流滿面。在健行的四天時間裡，我們天南地北分享彼此的生活，同樣身爲自然愛好者，聊起天來簡直一見如故。「能在如此之

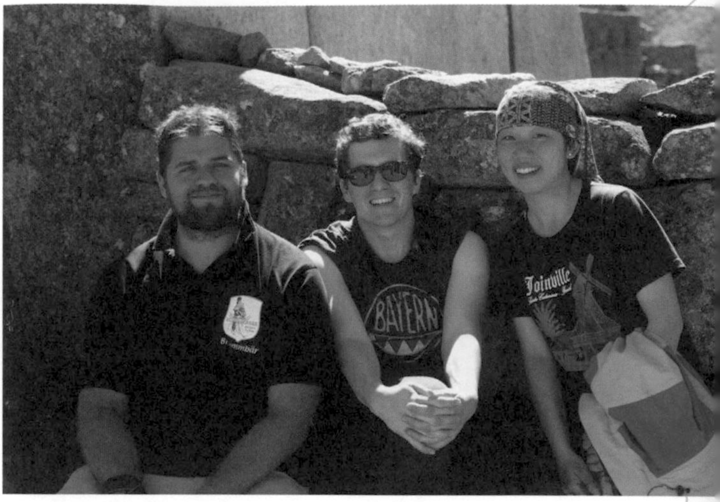

大的世界裡找到志同道合的伴侶，是多麼不容易的一件事。」我羨慕地跟 RK 說到。「在和 Tina 相遇前，我有個交往八年的女友，但終究發現彼此並非最適合的那一個。妳還那麼年輕，千萬別爲了追尋緣分而停止妳現在正在做的事。」RK 看著我、笑著說：「緣分，就像相信我們終究會相遇一樣。」

和 Thomas 及 Markus 則是趁他們離開庫斯科前，相約一起造訪近郊的其他遺跡。有些人把這些海拔較高的遺跡當作攀登馬丘比丘行前訓練的地點，不過對造訪過馬丘比丘再來到這裡的我們而言，不得不承認對這片規模遠遠不及的景致有些「除卻巫山不是雲」的淡漠，印象並不深刻。然而，一路上毫無拘束、不曾止歇的有話聊，卻不禁令我有種彼此已經相識許久的錯覺。傍晚到一間當地小有名氣的烤雞店吃晚餐，我們吃得很愉快，也聊得很盡興，最後道別時，眼淚卻又不爭氣地流了下來。有些人，一輩子或許就只會聚首那麼一次，卻足以令人懷念上好久好久，萍水相逢原先並不在我對朋友的定義裡，但如今想念你們的心情，卻比知己還要強烈。

時序已然不知不覺來到了七月下旬，秘魯的國慶日將至。離開庫斯科後，我搭上夜車前去西南

沿海的小鎮，納斯卡。

許多人衝著頗負盛名的「納斯卡線」來到這裡，那是荒漠上散布大大小小為數上千的巨大圖騰，規模從幾十到幾百公尺不等，必須要到空中才能看清全貌，以靈巧著稱的六人座小飛機於是應運而生。一早出發前的等待，被安排先在機場觀賞一部由國家地理頻道拍攝的紀錄片，片中利用電腦模擬合成的影像，描述考古發掘納斯卡人在這片酷熱乾旱的納斯卡荒漠，如何為了生存和信仰歷盡艱險，而這些圖騰究竟是某種宗教儀式、星座曆法的投射還是外星人的傑作？至今仍眾說紛紜。

不久，滿懷期待地起飛後，機師一片好心想讓我們看得更清晰，於是先左傾機身，在下一秒又繞圈子回來然後右斜，此時的胃腸彷彿也跟著迴轉一百八十度而昏死過去，要參透這些刻劃在大漠上的線條圖案，可是需要豐富的想像力及高度的專注力，「太空人，據說是西元前 Paracas 人的作品，已經在這裡招手了兩千多年；鯨魚，明顯是個沙漠裡不會出現的生物，很詭異；捲尾猴，似乎是模仿印地安民族心目中雨神的形象，要祈求天降甘霖；蜂鳥，其尾翼會和夏至時的陽光發生重疊，可見這些圖案是精良算計後的結果。」到了兀鷹和蜘蛛時，我已經聽不進機師精闢的解說，只能全神貫注在如何鎖緊自己翻攪作嘔的胃。

明明也才半小時，下機後卻止不住暈頭轉向，只能癱軟在座椅上休息，機上鄰座的男生似乎也有同樣感受，攀談之下，才發現他是位與我年紀相仿的以色列人 Nir，於是問起以色列的種種，他娓娓道來，這是第一次親耳聽以色列人說以色列的事。在旅行的過程中總會遇見許多人，而每次的相會，都使我得以更加接近世界眞實的樣貌，這也是旅行彌足珍貴的地方。

當晚誤打誤撞發現 Hotel Nazca 舉辦的天文活動，此處正是奉獻一生鑽研納斯卡線的考古學家 Maria Reiche 的長眠之地。那是我第一次透過精密的望遠鏡看見土星，圍著一圈薑黃色的環。仰望南緯十三度的銀河，既對星象了解不深、悟性也不高，但僅僅是凝望著它，就令人憶起好多片夜空，澎湖和蘭嶼，齋沙默爾與香格里拉，即使見過再多的日升、日落或是滿夜星空，漸漸發覺，當下同在身旁的人，才是成就它獨一無二的原因。

隔天一早，送 Nir 搭車離開。一路上，這已不是第一次告別旅伴，但每次都仍不免感到惆悵惘然，今世的緣分需要多少前世的灌溉，才能在廣袤的人海中相遇、相知、然後相惜？走過的路、看見的事、遇到的人，也許就是此生唯一，於是旅行中的一期一會，時時刻刻都告訴我一件事：用心活在當下，因爲過去和未來，從來都不在我們的掌握之中。

是旅人還是歸人？

半夢半醒之間，天濛濛亮，惺忪睡眼向車窗外望出的利馬一如以往印象中灰撲撲的模樣，如今搖搖晃晃地進城，停看這城市的眼光竟像個歸人。一個月前，我還說著一口殘破不堪的西語，戰戰兢兢開始獨自一人的旅行，步出機場時的提心吊膽都還深刻。轉眼間來到旅程的最後一天，才驚覺一個人原來可以走那麼遠，一路上的城鎮山水，各有各自的精采與風華，站在南美這塊大陸上，本身就是個太美麗的故事。

車長用西語嚷著到站，那是一走下車就開始想念的口音。「Gracias. Chao!」（謝謝，再見）我帶著笑把母音念得完整，再加上偷練許久的打舌音做個漂亮的結尾，站著看巴士離站，鑽入車龍漸行漸遠，又暗自在心裡道別了好多次。蹣跚步出巴士總站外揮手招了輛車，當下眞的遺忘了利馬的惡名昭彰，只是隨著城市的步調生活，像極了歸人，反倒是旅程結束要搭機離開利馬那天，滿是旅人要離家的不捨心情。如今再訪利馬，竟是滿腹離別的惆悵，即使旅行是一直道別的過程，卻也明白終點站道的「再見」，是最難履行再相見的承諾。

直到計程車司機提醒我到了，才猛然回神、匆忙下車。

不同於大部分遊客都住在新、舊城區，我選擇下榻民宅區 Surco，而這裡，成爲從我懂得旅行後，待過最棒的地方。靠在大沙發上偎著燈光，背景是一片慵懶的爵士，說是旅舍，這裡不過是 Marco 的家，然而正因爲這樣，我得以卸下一個月以來四處奔走的疲憊，擁抱賓至如歸的溫暖。Marco 遞給我關於利馬的自製地圖，上頭密密麻麻標滿了生活近三十年的精華，他笑起來有些靦腆，說起話來

則熱情洋溢，「這張卡給妳搭捷運就不用另外買，再用這串鑰匙就可以自由進出家門囉，利馬很棒，Enjoy！」相聊之下才知道他曾在留學美國期間透過「沙發衝浪」遊歷各州，深切知道旅人的需求，如今以相同想法來經營旅舍，才創造出一個如此設想周到的空間。待在利馬等待回程班機的三天時間，原先打定主意要逍遙地享受剩餘時光，人說利馬是最不值得停留的首都，卻在 Marco 的指引下，得以走進最道地的風光。

第一天先到舊城區走逛，沿街相當多的警察似乎印證此處治安不佳的傳聞。我在利馬最熱鬧的徒步區下車，人潮隨正午時刻接近而聚集，氛圍與臺北西門町有些相像，再往北走，就看見利馬的武器廣場，周圍眾多於殖民時代留下的建築使悠久歲月全都凝聚在這裡。午後，來到城區裡名聲僅次於武器廣場的聖馬丁廣場，場中央豎立的銅像就是爲了紀念他帶領秘魯獨立的偉大功績，然而對街的 Grand Hotel Bolivar，其實才是來這裡的重點——遠近馳名的皮斯科酸酒（Pisco sour），據說作家海明威曾在此打破他的飲酒紀錄。

利馬不只有遍地美食征服來自世界各地旅人的味蕾，此處獨樹一幟的秘魯國酒更是令人流連忘返，不論大小酒吧，都看得見它的蹤影。它是出產自利馬南方城市 Pisco 的一種葡萄蒸餾酒，調入發泡蛋白、萊姆汁和糖漿帶來的酸甜，再綴以安格式苦精才算完成。當一只玻璃短腳酒杯被送上桌時，清新的萊姆香立刻飄散開來，輕啜入口之初會有一絲苦味，接著，酸甜交融的馥郁滋味會在喉間化開，最後餘韻恆亙、脣齒留香，我於是在那裡廝混了一下午，以美酒相佐，完成剩下待寫的明信片，期待它們也會沾染整身酒香。晚間，至 Marco 推薦的餐廳裡點了盤 Lomo Saltado（炒牛腰肉），據說這是早期中國移民在秘魯發展中式料理的始祖，一旁佐的飯被淋上某種豆類製成的醬汁，生菜、洋蔥、番茄、青椒則另外裝盤，與南美相調和的中式風格迸發出耐人尋味的嶄新滋味，總覺得似乎有點像現在的自己。

隔天，從住處漫步到新城區投遞明信片，然後買了瓶喝上癮的秘魯可樂「Inca Kola」，沿海岸線的步道走。期間，只要經過的超市、甜點店或當地市集，都會進去逛一下，恨不得能把這裡的情調、節奏和色澤全都打包帶走。最後來到濱海的 Larcomar 百貨見識秘魯最繁華的一面，名牌商場和觀海餐廳林立在用電扶梯相連的層層建築裡，人潮熙來攘往、熱鬧非凡，這裡現代化的程度與臺灣相去不遠，突然意識到距離回家的日子又更近了。這天，Marco 還帶我去吃利馬一家他最喜歡的 Ceviche，儘管並非初嘗此菜，或許是最後一次的緣故，每一口的滋味竟顯得格外複雜。Marco 問好吃嗎？我點頭，回以滿足的微笑說超喜歡。後來竟養成了一想念就找異國餐館解饞的習慣，總相信用嘴巴一嘗，便能向著心裡頭城市的方向去，遇見餐館裡的那張笑臉。

臨別前一晚，Marco 聚集了家裡含我在內的五人，他大展身手，把萊姆汁和蛋白混入皮斯科酒，在雪克杯裡以打泡機打勻，再加入冰塊搖盪，調出簡直比 Grand Hotel Bolivar 還要好喝的皮斯科酸酒作爲餞別禮，大家舉杯時，我止不住笑，也止不住哭，那晚，仿若置身一場極端美麗的夢，醉得相當徹底。

成為想成為的樣子

不知道你有沒有過一個念頭，想讀一本用自己全然陌生的語言寫成的書，或想學一句令人舌頭打結的句子？對我來說，「阿哩咻恰」象徵在安地斯山上的動人邂逅，「A ma se ge na lo」（衣索比亞語的謝謝）則一直是對東非最深刻的情感連結。

不知道你有沒有過一種時候，想在沒人認識你的城市裡悠悠漫步，隨意坐看雲起、聽任水流？在一個人走的日子裡，我總是想走路的時候走路，想發愣的時候發愣，想唱歌的時候就引吭，想停下來看藍天白雲的時候就駐足，有時胡思亂想，有時又和自己對話。

不知道當玩轉遙控器時看見國家地理頻道裡的「走跳舌尖的美食巷弄」，你會不會也有股衝動想一試那些對味蕾全然新奇的食物？從高地平原、深山雨林到無垠沙漠、濱海地帶，我一步步擴張胃腸領土，從高檔餐廳、道地酒館到平民市集、路邊攤販，我一步步克服水土不服，不知不覺中，竟也展開了一片新天地。

從秘魯返國後，被十三個小時的時差如影隨形地糾纏了好幾天，總在下午四點過後就不得不倒在床上，卻又在凌晨三點時會自動醒來、再也睡不著，而每當躺在床上盯著天花板時，腦海裡浮現的盡是南美風華。

爲了省錢，到旅館裡幾乎都睡多人房，最高紀錄是在拉巴斯曾經睡過的十八人房；爲了省時間，在城市之間的交通幾乎都是夜車，最高紀錄是連續兩晚搭滿二十三小時的夜車，從秘魯的最西邊來到最東邊；又爲了在這個學生時期的最後長假能一圓踏上南美洲的夢，即使找不著伴同行，還是硬著頭皮出發。但其實後來發現，我一直都不是一個人。想起因爲擔心安危而護送我去搭機的 Alan，遇到飛機故障時一起想辦法的 David，離開亞馬遜雨林時給我一個大大擁抱的 Carline，在馬丘比丘上相互扶持共走的 RK、Tina、Thomas 和 Markus，在庫斯科一起大啖天竺鼠的 Bonnie，在納斯卡飛機上相識的 Nir，還有在阿雷基帕、在普諾向我伸出援手的陌生人，以及點綴旅途的那些可愛搭訕，太多太多、無法勝數……，反倒正是因爲獨自一人，而有了更多相遇的可能；反倒因爲鼓起勇氣敞開了這扇大門，生命裡得以走進更多爲人津津樂道的人生風景。

一路上眞的要感謝太多人，予我了個可以出去走走看看的夏天，心裡並不確切曉得這一趟究竟有無改變什麼，但深刻覺得，能做自己想做的事、成爲自己想成爲的人，眞的是件很幸福的事。南半球的太陽還耀著，心裡的澎湃也未停歇，唯一能確信的是，我不會忘記自己走過的路，更不會忘懷那些曾經善待過我的人。

中東以色列、巴勒斯坦、約旦——走向信仰彼岸的無神論者。

上路以後，我決定

信仰旅行

人生不一定要大山大海，你做任何事情，都只是為了更豐富自己的人生。
讓生命更寬廣，不需要向別人炫耀，只要對自己有意義就行了。

—林義傑

八公斤

坐在滿是中東風情的阿聯酋機艙裡，盯著眼前播映的電影，腦中卻還是兩天前見習時才剛熟稔的鼻竇炎診斷法則，歷經上海機場過夜和杜拜轉機，總計二十多小時的馬拉松飛行，正巧給了我一些時間把腦海裡的章節翻面。「Camel trips do not begin or end, they merely change forms.」電影的最後以這幕黑底白字作結，字句間透露出旅行具有的多重樣貌：在滾滾黃沙中踽踽獨行是旅行，簡單如日常的抉擇也可能讓人迷失像站在荒漠裡的旅者。而當別人問起旅途中狼狽又憔悴的女主角「爲什麼要這麼做？」時，她率性回的一句「爲什麼不？」像一記響亮的耳光，打醒做事情總是先問意義的自己，原來，有些意義眞的在路上。

四年前參與的一場演講中，以色列籍講者 Dalit Baum 曾問在場的每一位聽眾：「如果圍牆能確保安全，何不蓋個天花板？」二〇〇二年，以色列以「防止恐怖分子入侵」爲由，通過在接壤巴勒斯坦的位置豎立「隔離牆」的計畫，這道牆不僅違反國際法、非法占領巴人土地，更使當地的發展因此受限、遲滯，但巴人卻也在之後以色列釋出善意時，還以幾千枚飛彈作爲反擊。於是她接著說：「猶太人的『victim』思想和巴勒斯坦人『born to kill』的宿命印象，讓整件事情變得更糟。」當時懵懂無知，只是似懂非懂地跟著點頭。

而這次會去中東，不過是原計畫被打亂後一個臨時的決定，但看似唐突的背後，卻仿若四年前就已經造就的必然，內心一直都知道自己會去，知道自己必須用雙腳走進那些糾葛橫溢的情感，讓想像一片片剝落，聆聽最貼近的傾訴。即使沒法像作家余秋雨一樣，只要行過一處，俯仰之間就有充盈肺腑的詩句能夠歌詠，我仍舊在出發前花上許多時間重複翻看中東的背景資料，期待當雙腳行路與歷史意象交疊的時刻，能讓旅行的意義別樣深刻。

想到中東，是聯想到海珊、賓拉登，還是蒙著黑色面紗的女人？是想到貧瘠一片的荒漠、滿坑滿谷的石油，還是烽火連天的災難現場？中東多年的動盪局勢，對許多人而言可能只是報章雜誌裡國際專欄的一個插曲，若有一絲的悲憫憐惜，也很快會隨時間而沖淡，變得無關痛癢，又比如以巴兩國間的紛擾衝突，也不過只是畫在地圖上的虛線：一條還沒被承認的國界，對我這種既非教徒也鮮少聽過《聖經》故事的人來說，聖地上的一切似乎都離我相當遙遠，如同耶穌。

背包客棧上的過來人直截了當地說：要去就趁早去，等待眞正太平時日再出發的念頭在短時間內實在相當不切實際。電視畫面還在播映伊斯蘭國（ISIS）斬首人質的影片，掀起世界一片恐慌；接著又捎來巴人開車衝撞耶路撒冷行人造成傷亡，以及血洗猶太教堂的快訊，以色列隨即作出關閉「聖殿山」的決定，於是以巴間的緊張情勢發酵、一觸即發，而這一切都發生在啓程前幾週、剛訂好機票的時候。「世界那麼大，爲什麼偏挑危險的地方去？」行前，身邊出現這樣的問題已是意料之中，令人意料之外的反倒是爸媽給的是叮嚀，而不再是阻止。

香港富商李嘉誠曾說：「只要是自己的選擇，就不存在對錯後悔。因爲過去的你不會讓現在的你滿意，現在的你也不會讓未來的你滿意，所謂一個人的長大，便是敢於慘烈地面對自己。」既然不論如何選擇，沒有一個選擇不具風險，既然世界的眞實樣貌一直是遠行最強烈的呼喚，最困難的，也只是決定上路而已。

「八公斤？」當地勤人員爲放在量秤上的大背包黏貼重量標籤時，我吃了一驚，因爲連近兩公斤重的睡袋都一起放進去了。這才發現，從二十公斤到八公斤的一路走來，卸下了對未知的不安、文明的自傲和成見的束縛後，變得簡單，就能看見世界最純然的一面。

最遠的身邊

對在機場裡過夜一直有相當深刻的印象，像是在洗手間和空服人員並肩刷牙的逗趣場景，或是晃遍機場角落，只爲尋得一個安穩暗處鋪上睡袋的時候。然而，我有時會驚醒在深夜的機場，可能因爲廣播裡溫柔的提醒、近處起降的隆隆聲響，或可能是飛機奔馳在跑道上時，蔓延傳來的地面震動。有些祕密也只存在機場裡的午夜夢迴，比如溫度驟降的地板傳來令人發顫的寒氣，比如萬籟俱寂時迴盪在深幽長廊的聲響。

記得第一次機場過夜，是要從吉隆坡轉往加爾各答，於嘈雜聲裡入睡對我來說並非難事，那次是直到睡夢中隱約感覺被踢了一腳，睡眼惺忪地起身後，發現原先關閉的托運櫃檯不知何時開始亮燈運作，環顧四周後驚覺人龍因我橫躺在要道中央而彎成了一個Ｃ字形，才睡意全消，連忙在凌晨三點遷移他處。

這次過境則選擇停留在上海浦東，這個年旅客吞吐量超過五千萬人的機場，光是出境大廳辦理搭機手續的櫃檯就延伸不見盡頭，規模之大令人嘆爲觀止，明明應該又是一次令人興奮的轉機過夜，躺在五倍挑高的天花板下，想到方才窗口承辦人員的一頓訓斥，心情就是沒法跟著明亮寬敞的空間開朗起來。在中國轉機需要手持臺胞證、收取簽註費用就罷，還被規定要與其他中國人一起通過「中國公民」的海關走道，又因爲對程序不熟悉受到奚落，當下爲了能順利通關只好按捺住失望又不平的心情，在中國關口面前的一來一往，竟讓人覺得兩岸特別陌生又疏遠。

約旦承接了兩河流域的古文明歲月，並融合歐亞非民族交會的火花，和無數帝國王朝消長的年華，其首都安曼的歷史也同樣悠長，雖然歷經多個民族統治，卻是如今中東地區少數不同信仰可以和平共處之地。一夜過後再經數小時的飛行，才終於抵達。

從機場搭巴士進城時，窗外眾多點綴於起伏墨綠山巒之上的灰白色塊，與外圍沙漠土丘的棕黃色調和諧相襯，層層疊疊的石造建築盤據的山頭是對安曼的第一印象。儘管在近年突飛猛進的建設發展之下，滿是高聳入雲的商業大樓、豪華新穎的國際飯店與人潮洶湧的購物中心街頭，已與過去大相逕庭，但在旅程後半、與約旦人的幾天相處下來，發覺無論市容如何變化，流淌在游牧民族血脈裡的樂天直爽和阿拉伯性格的開朗圓滑，始終令這裡的民風獨樹一格，在從容慵懶的生活步調裡，過著有超車和闖紅燈習慣的日子，這樣無厘頭的約旦，就是她最與眾不同的模樣。

由於逆時針的路線安排，我們打算隔天就去邊境辦理通關，但據說以色列的海關手續既繁雜又冗長，直到眞正體驗過，才知道什麼叫安檢通關。

以約接壤的邊境由北到南共有三個關口，最多人選擇在距兩國首都較近的中部關口通行，但由於它也是唯一一個可以讓巴勒斯坦人往返以約的關口，因此過境審查特別嚴謹。爲了避免隊伍越晚排得越長，通關當天我們很早就搭車至邊境辦理出境手續，而後坐上接駁往來兩國關口的JETT巴士，到以國端繼續辦理入關。

初入以色列檢查哨時，便明顯感受到氣氛不若在約旦時輕鬆，光是一旁戒備的配槍軍人，就讓空氣裡瀰漫一股肅殺之氣，等待過關的人也全都噤聲，安分地跟著隊伍前進，我們並沒有在過程中受到刁難，但隔壁窗口受理的巴勒斯坦人就沒那麼幸運，他被質問相當多問題後仍不能放行。數分鐘後，海關人員便面露微笑祝我們玩得愉快，當我拿著護照和通行證默默走出這幢巨大森冷的建築時，巴人還在回答問題。

搭上另一輛專車穿越一片荒蕪，耶路撒冷舊城的巨大城牆終於在近午時分映入眼簾。據說只花一個早上通關算是相當快的了，但明明就只是比鄰的距離，偏偏那麼遙遠，上海的關口是這樣，以色列的關口亦然，當時沒想到的是，像這樣用一線隔出千里的寂寞、隔出走不到的未來，竟在接下來的旅程裡反覆上演。

Shalom！以色列

依循腦海裡的地圖走，一旁駛過的就是近日以巴衝突中屢次成爲攻擊對象的輕軌電車，兩次向迎面而來的路人確認方位，卻始終只得到不置可否的表情，「Shalom!」直到一位金髮阿姨在面前停下、摘下太陽眼鏡用希伯來文大聲說哈囉，並轉以英文問我們是否需要幫忙時，才知道原來先前的路人都不大懂英文，沿主幹道走下去的路，正好是往旅館的反方向。

這位來自愛爾蘭的阿姨爲愛相隨到以色列定居已有十年之久，「從零學起不同語系的希伯來文是小事，在以色列隨時都緊繃的氛圍裡學習坦然才是眞正的難處。」阿姨指著電車說到：「不過這麼久了，我早已經習慣衝突就是日常的一部分。」她微笑、雙手一攤。政府希望透過大衆運輸的共乘來消除對立，因而讚揚輕軌電車的設立就是以巴族群融洽相處的最好象徵，對到訪的遊人來說，這條貫穿市區的電車也是個方便觀光的建設，只消一張車票便可以覽盡整城風光，然而在巴勒斯坦人眼裡，電車不過是爲了連接東北地區猶太人的定居處而上演的一齣鬧劇，於是在現實生活裡反而成爲仇恨怨懟的犧牲品。

阿姨暫時放下買菜任務，一路領我們穿街過巷，途中還經過猶太教「正統派」居住社區，這裡氣氛肅穆異常，只聞疾走的步伐聲響。而身處社區最醒目的告示便是與辨識度極高的他們擦身：頭戴黑色大禮帽、身穿一席黑長袍或西裝的男性教徒，會刻意留長兩邊鬢髮或大捲鬍子，女性教徒亦是一身黑衣，並絕不暴露。據說他們過得相當簡樸，甚至與世隔絕，不僅有自己的社區、學校，只與自己人通婚，也不吃沒祝禱過的食物，一生無需工作，只要專心爲以色列祈禱和繁衍後代，國家會提供專門的照顧。

同行近二十分鐘後，終於看見前方轉角正是預計下榻之處，我們感激不已地向阿姨道別，「友善」是我對以色列的第一印象，之後也沒再變過。

位在耶路撒冷新城區的 Abraham Hostel，和先前住過的青旅比較起來最特別之處，是它老少房客的比例相當。同間房的室友 Shara 婆婆，是位虔誠的基督教徒，利用機師兒子的一張免費機票就獨自從紐約飛來以色列朝聖，每晚興致勃勃地和我們聊今日於城裡的邂逅、聊明日引頸期盼的行程，在她閃閃發亮的眼神裡，看得見青春雀躍的模樣，所謂「旅人不會老去」，此話眞不假。離去前的早上，婆婆還特地在我們背包上頭留下於紐約再相見的邀約字條，原來她一直把我們要離開的日子記在心裡。雖然旅行期間入住多人房可能免不了在疲憊想獨處時還被打擾，但也因爲共享時空才擁有交集和感動，才得以走進彼此的生命裡，留下一處被牢記的位置。

距旅館不遠處，有個生氣蓬勃、什麼都賣的露天市場「Mahane Yehuda」，目不暇給的香

料、椰棗和橄欖擺滿沿路攤位，嬌嫩欲滴的草莓、石榴和柑橘在架上一字排開，市場裡琳瑯滿目的糕餅點心和手工藝品更是令人眼花撩亂，巷弄裡也隨處都是各色風味餐廳，諸如以色列、黎巴嫩、敘利亞和突尼西亞餐桌上想得到的精華全都匯聚在這裡，想不到的特殊料理也都在眼前一一展開，我邊走邊看、也邊吃，在味蕾上頭打包的不只是最傳統、純正的以色列，鄰近文化的浸潤交融也可以一併帶走。市場一直是心目中最貼近當地生活的一處縮影，也是每到一處必訪的景點之一，**Mahane Yehuda** 市場令我對中東飲食文化留下深刻印象，而與鷹嘴豆泥（**Hummus**）、炸豆丸子（**Falafel**）和皮塔餅（**Pita**）的第一次邂逅也在這裡。

這趟旅行期間，舌間無時無刻都留有兩種味道：鷹嘴豆泥和炸豆丸子，尤其前者更是三餐吃、每天吃。鷹嘴豆本身渾厚綿密的口感在舌間化開後，會帶出檸檬汁的酸味和芝麻醬的香氣，傳統上是搭配皮塔餅一起吃，也可以作為沙拉或生菜的沾醬，無論如何

變化，餐桌上永遠都少不了它多層次的滋味，而我也總要吃到沾染了渾身中東氣息，才願罷休。炸豆丸子則是中東一帶最常見的小吃，使用鷹嘴豆泥混入巴西利葉、蔥蒜、薑黃粉等辛香料，在油鍋裡炸成棕黃渾圓又酥脆的模樣，外形不出衆卻有傳千里的香氣。至於皮塔餅，這種扁形卻中空成袋狀的麵包，對我這類手腳不俐落的人而言簡直是福音，手捧塞滿「澎湃」餡料的餅皮大快朵頤之際，還可以故作端莊。

還有道菜值得一提，就是源自北非、在以色列發揚光大，如今廣布世界各地的「Shakshuka」，希伯來文裡的意思是「全混在一起」，儘管主原料相當簡單，只消混和雞蛋、番茄和洋蔥，但在加上辣椒、胡椒和孜然的提味後，其「初嘗入口辛辣刺激，而後餘味漸轉溫和」的特色，使之成爲在手寒腳凍的季節裡身子的一股暖流，據說，它在冬季受歡迎的程度甚至超越鷹嘴豆泥和炸豆丸子。這種足以挑戰國民美食地位的菜色，自然成爲幾日後慶祝聖誕節時的大餐首選，而它也不負衆望奪得此行心目中的美食冠軍。

昨日的旅人在耶路撒冷

耶路撒冷（Jerusalem）不僅是以色列最大城，同時也因是世界三大宗教信仰的聖城而負有盛名。耶路撒冷對猶太教徒來說，曾是歷史上希伯來王國的首都，現今城區內的「西牆」即是當年所羅門王在位時，根據舊約《聖經》所建造的聖殿遺跡；對基督教徒而言，耶穌曾在此經歷受難、處死又復活，於是古城街頭時常可見朝聖者重走耶穌上十字架前所走的「苦路」（via dolorosa）；在穆斯林的認知中，伊斯蘭教先知穆罕默德夜行升天的「登霄石」，就位在耶路撒冷聖殿山上的清真寺內。

行於城內，截然不同姿色、以雅法門（Jaffa Gate）為界的新舊城區比鄰，使人可以明顯感受到耶路撒冷東西兩邊生活樣貌的甚遠差距，每當我穿門向東進到老城，都彷佛直接穿越三千年的時光回到過去，只有沿街的紀念品攤販會提醒我不過是個誤闖時空的旅人罷了。抵達那天，我們花上整天時間在面積僅一平方公里的舊城區裡探訪存在耶路撒冷的古老靈魂，走逛之間，將自己融進了歷史場景裡。

古城內，那一襲黑衣的猶太教徒從早到晚絡繹不絕，手捧《聖經》在西牆面前誦讀，抑或撫牆傾訴；又在不遠處，基督徒和著管風琴吟唱的讚美詩歌迴盪在聖墓教堂，久久不已；而每當城裡的各個清真寺在同個時間齊聲喚拜，那樣的時刻其實相當震撼，拉長的嗓音飄散入蒼穹，將《可蘭經》傳遍每個角落，層層交疊的音調千迴百轉，從清晨開始到午夜時分共有五次，提醒穆斯林放下手邊工作，朝向麥加禮拜阿拉。我是漫步在老城裡的旅人，也是躺在信仰搖籃裡的嬰孩，縈繞耳際的祈禱和聖歌便是布拉姆斯哄睡襁褓的樂音，無時無刻不牽動旅人深處的靈魂。但每當清真寺傳來的喚拜聲交雜基督教堂裡響起的鐘聲，這樣的時刻仍令人感到錯亂不已，就像希伯來文、英文和阿拉伯文同時出現在街道上的標示或日常生活中一樣，各式人種帶著相異的歷史背景在同塊土地上交會，說不同的話、讀不同的字，也懷抱不同信仰在朝拜各自的眞神，每個人都期待在這裡找到心靈的依歸，整座城市的歸屬卻在衆人拉扯間變得四分五裂，我看見榮耀卻忘不了殺戮，知道瑰麗中仍摻雜哀愁，複雜深沉的情緒和縱橫糾葛的歷史，對多數浮光掠影的觀光客而言，這座城市已然太過沉重。

次日一早，我們從大馬士革門前搭公車往位在舊城東面的橄欖山，這裡相傳是末日之時，耶和華降臨救贖靈魂之處。在山頂下了車，本想愜意從山上一路向下逛回舊城，卻一直找不著下山的路徑，然而儘管在山上迷亂走了一個多小時，搞得大汗淋漓，但或許因爲只要隨時抬頭就可以瞻仰這片聖地的全貌，心裡始終相當平靜。

下山沿途，造訪了「客西馬尼園」內的一棵千年橄欖樹，據推算，它曾見證耶穌在此被門徒猶大出賣；矗立一旁的「萬國教堂」裡，則有塊據信是耶穌被釘上十字架前一晚禱告用的禱告石。但其實，比起耶穌的足跡，一路上更吸引我的反倒是跟隨耶穌的這群虔誠教徒：有些人站在碑牌前仔細閱讀上頭解說的文字，時而若有所思，時而與友人低聲交談；有些人走在口沫橫飛的導遊後頭，在一處處遺跡面前跟著驚嘆連連；有些人則始終雙手合十，將已經相當熟悉的《聖經》故事再重新感念一回。無形的宗教力量在這群人身上變得眞實，雖然駑鈍如我並沒有感受到神蹟一幕幕在眼前發生，但聖地的氛圍確實讓人感到平和，彷彿也是衆人信仰冥冥之中的庇佑。

走抵山腳後，便鑽入舊城縱橫迂迴的巷弄裡，想找到地圖上用黑線註記的那條苦路，此時路旁人潮絡繹不絕的小吃攤敲響胃腸正午時分的鐘聲，我忍不住駐足在一家香氣四溢的燒烤店前，見師傳手中翻轉的羊肉串在大火炙烤下滴出油來，弄得爐盤滋滋作響。當師傅轉過頭來問我要吃幾串時，明明為了省午飯錢，早餐時已特地連中午分量也一併吃下，卻仍難以抗拒羊肉串的誘惑。

「這家店的 Kebab 真的很棒，每次帶團都一定會帶客人來吃。」前方排隊的大哥似乎一眼就看穿我的猶豫，他指著掛在胸前的以色列導遊證照順便自我介紹。「師傅，來一份 Kebab 給我的朋友吧。」聽他這麼說，我們大吃一驚，「以前我在中國旅行時，他們也都這樣對我好，別客氣，真的很好吃。」的確，炙烤到微酥略帶烙痕的肉串，入口散發獨特炭香，肉質也相當有嚼勁，同桌大啖羊肉配皮塔餅的同時，也細嚼那份萍水相逢的緣分。臨行前，我懷著無比感激的心情與他道別。

午後，我們按圖索驥走進苦路，擅自闖入耶穌的故事裡。這條隱藏在舊城裡沒有門牌的小路，就是耶穌從受審、定罪到背負十字架三度體力不支倒地再爬起的行走路程。走在這條受難之路上，會與無數追思的教徒擦身而過或並肩走上一段，他們會在每一站停下禱告、彷若置身《聖經》故事的場景般，虔誠朝聖者的身影因而比起每站不顯眼的號碼標示，成為更可靠的引路者。

苦路最後的五站結束在聖墓教堂裡，入口處一個被眾人圍繞的石臺就是相傳耶穌受刑後從十字架上被解下來安放的地方，我站在一旁怔怔望著信徒爭相跪拜在地上親吻石臺，以前總以為對信念的堅持很簡單好懂，來之後才發現對信仰的執著其實複雜難解，越向它靠近，越發覺那些基督、猶太和伊斯蘭的意涵，我從沒真正懂過。昏暗的教堂裡，只有眾多燭光與幾盞幽亮的水晶飾燈，我亦步亦趨跟著朝聖的人群排隊移動，當最後來到聖墓面前、見著圍成一圈圈的人龍時，便決定不去打擾，因為是不是親眼見到聖墓的模樣已不再那麼重要，這條路上的教徒無時無刻不提醒我耶穌的存在，祂因為這群人而變得真實。

出教堂時，請我們吃羊肉串的大哥正領著新的旅行團圍聚在門口，他用餘光注意到我們時，朝我們咧嘴笑了一下才繼續爲團員解說，我於是也回以微笑並招了招手。你是昨日的旅人，而我是今日的，未來，我們還會再相遇吧！

十分之九的美麗與哀愁

「逼——！」響徹雲霄的警鈴聲讓四周的目光全聚焦過來。

進入哭牆前所必須通過的安檢程序，嚴謹程度直逼過境關口，旅伴在市集買的紀念小刀才靠近金屬探測門就被毫不留情地當場感應，員警聞聲立刻上前盤查，結果多費了半小時的溝通解釋和強迫寄物才願意放行，對細節戒慎恐懼的性格或許來自歷史在他們身上留下太深的傷疤，因此即使排隊進入的人潮眾多，也不見安檢人員流露絲毫不耐或鬆懈。終於通過後，我們鬆了一口氣，沿石階向下來到廣場，那座久聞盛名的哭牆就在眼前不遠處。

西元前十一世紀所羅門王在位時，曾經建造「第一聖殿」，是當時猶太人朝拜獻祭的中心，隨後卻不幸毀於入侵的巴比倫人之手。經過半世紀的流亡後，他們重返原址建立「第二聖殿」，可惜隨後又被羅馬軍隊夷為平地。直至伊斯蘭勢力崛起，鄂圖曼土耳其帝國允許猶太人一週能有一天時間，到殘存的西面石牆禱告，然而卻也在聖殿的遺址上頭興建了兩座清眞寺。如今，聖殿山上屬於穆斯林所有，猶太人僅能在聖殿山下的西牆哀哭，「哭牆」一名自此不脛而走，名聲比「西牆」還響亮。琥珀色的方形岩塊向上堆砌成壯觀的姿態，其間幾處石隙冒出不規則垂掛在牆面的叢叢蔓草，白底鑲上湛藍大衛星的以色列旗幟飄揚前方，教徒和遊客混雜成萬頭攢動的群眾，一時之間，畫面的澎湃氣勢如同破出晨間迷霧的曙光，令人不敢逼視。

更走近些，發現哭牆中間被一道圍籬分隔成男左女右兩邊，我走向容女生通行的那側，先在入口前方舀了聖水洗淨雙手，才緩緩向石牆靠近，隨著整座牆面變得巨大，呼吸也跟著急促起來，因

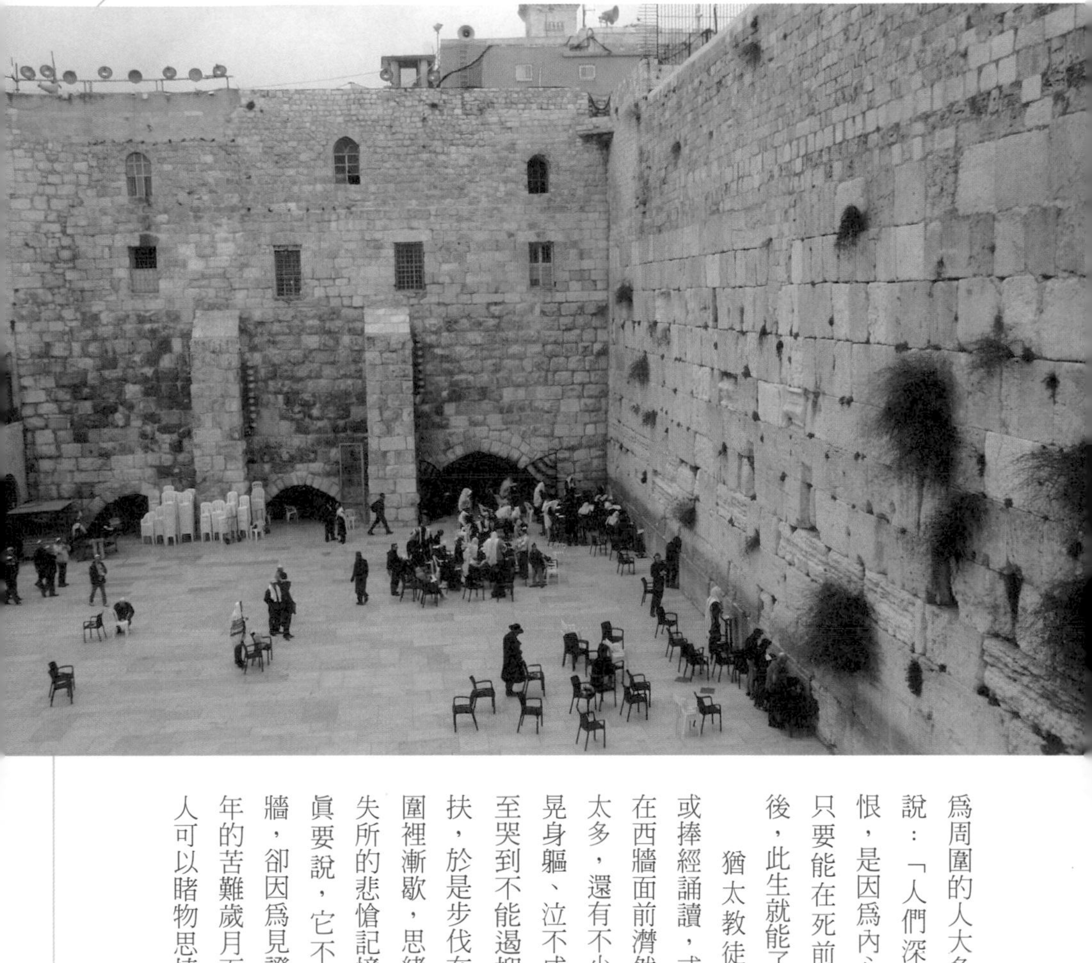

爲周圍的人大多都在哭。有人說：「人們深信人之所以有恨，是因爲內心被高牆圍堵，只要能在死前來到哭牆哭過後，此生就能了無遺憾。」

猶太教徒將手放牆上，或捧經誦讀，或閉眼傾訴，而在西牆面前潸然淚下的人實在太多，還有不少信徒激動地搖晃身軀、泣不成聲，有些人甚至哭到不能遏抑、需要旁人攙扶，於是步伐在蔓延的莊嚴氛圍裡漸歇，思緒也在一片流離失所的悲愴記憶裡幾乎凝滯，眞要說，它不過就只是一堵牆，卻因爲見證了一個民族千年的苦難歲月而與衆不同，讓人可以睹物思情、懷想當年，

這面牆儼然成為猶太人悲苦心靈的慰藉和緬懷過去榮光的寄託，流下的淚水都滲入石縫，讓整面牆滿是虔誠的輝光，近看那牆，更是每處細縫都塞滿了寫上祈願和禱詞的紙條。我也不自禁跟著教徒把手撫上牆面，心裡想著太多要感謝的事。

待在耶路撒冷的五天裡，就見了哭牆三次，每回的心情都不盡相同，一次比一次還波濤。曾覺得人們是因為脆弱才把宗教當作依靠，來到哭牆面前，才明白原來是自身的心還不夠柔軟謙卑，宗教信仰從來就不是手段，而是心之所嚮的一份承諾；來到哭牆面前，才知道宗教從來就不只是宗教，而是融在生活裡舉手投足間對信仰的實踐。

位在哭牆右上方的長形斜廊是通往聖殿山的木棧道，原先想直接往上走，卻因碰上穆斯林禱告時段而撲空，我們於是決定在隔日的晨光中，踩著宛若朝聖者的步伐再次前去探訪。

建造在聖殿山上的兩座清眞寺分別是以雄偉出名的圓頂清眞寺（Dome of the Rock），和正對面較為樸實的阿克薩清眞寺（Al-Aqsa Mosque）。而前者這座現存於世最古老的清眞寺之一，並沒有印象中尖聳直逼天際的宣禮塔，反倒是鋪滿金箔方磚的渾圓屋頂在豔陽的照耀下閃閃發光，它的金色大圓頂於今幾乎成為整個舊城區最醒目的地標。對猶太人而言，昔日聖殿的位置在歷史洪流裡意外變成僅限穆斯林朝拜的清眞寺，不只心有不甘，甚至曾有極端教徒揚言要在這之上重建他們的第三聖殿，讓看似風平浪靜的聖殿山，埋藏另一顆以巴衝突的未爆彈。

佇立聖殿山上頭，看千年的信仰在身旁流轉，聽虔誠的祝禱在山下的哭牆日復一日被朗念，實在很難相信一切的紛爭都源自這片瑰麗的小山，當宗教的力量超越想像，我頓時在以巴之間沒了主意，衝突與無奈後頭的耶路撒冷依舊婀娜多姿，可是，各自背負的傷痛卻也一直無法被忘懷。

走在向晚的耶路撒冷，見歷史的塵埃紛飛，在暮色的輝煌裡放歌，繞梁於今不絕。有句話是這麼說的：「上帝給了世界十分美麗：九分給了耶路撒冷，剩下的一分給了世界上的其他地方；上帝給了世界十分哀愁：九分給了耶路撒冷，剩下的一分給了世界上的其他人。」越旅行，越發覺自己只是個去世界聽故事的人，無權論斷是非，只願能感同身受，同時對自己的幸運深深感謝。

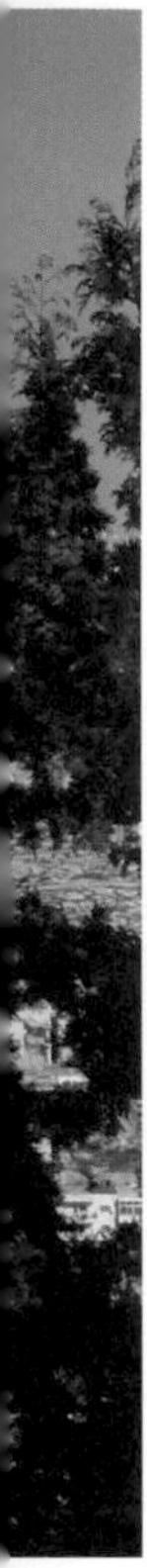

在聖地過聖誕節

現今的巴勒斯坦主要由約旦河西岸和地中海沿岸的加薩走廊組成，而坐落在耶路撒冷舊城南方約莫十公里的地方，就是巴勒斯坦境內城市伯利恆（Bethlehem）。

坐上直達伯利恆的二十一號公車，在那近一小時的路上，不僅周圍的建築景觀彷彿時光倒流，先前走過的一幕幕景象也隨之重新翻飛：白磚的屋舍環山令人想起山城拉巴斯，一路壯闊的山水是通往香格里拉的景致，從鄰座的對話裡拾起西文、葡文的隻字片語，那是南美風華的耳濡目染。原來，駐紮在心底深處的記憶都不曾消逝，原來，曾經走過的路眞的流淌在血液裡，成爲自己的一部分，那些熟悉或者陌生中的似曾相識，我都還記得。「到囉！」旅伴拍拍我的肩，把我從回憶裡拉回現實，不知不覺已從以色列跨進到巴勒斯坦了。

在終點站下車後，便一路沿指標來到伯利恆主廣場，廣場上立了棵巨大繽紛的聖誕樹。特地選在聖誕節到訪，這座也許不是全世界最熱鬧卻是最神聖的聖誕城，基督教世界視聖誕節爲耶穌誕辰的慶祝日，而耶穌誕生的地點正是伯利恆城中的「聖誕教堂」。這天，街頭店面都垂掛上聖誕燈飾，各種洋溢過節氣氛的商品也紛紛出籠架上，還有些餐廳聚集了歡唱聖誕歌的人。

進到聖誕教堂前，見窗櫺上貼著一段話：「If you enter here as a tourist, you would exit as a pilgrim. If you enter here as a pilgrim, you would exit as a holier one.」同時也看見每個步入教堂的人，都虔誠地於胸口畫上十字，在聖地裡眞的相當奇怪，自己自然而然就會跟著那麼做。入主廳堂時，紅衣主教正在前面作禮拜，即使沒一個字懂得，還是跟著站在後面聽得出神，尤其當眾教徒齊唱聖歌之際，

教堂裡的巨大迴聲把眞主的愛強烈渲染開來。宗教詩歌一直以來都予我平靜安詳的感受，如今對於這樣的旋律，甚至能夠讓人忘卻病痛或憂傷，我不再懷疑。

繞抵教堂另一處後，腳底多了幾何圖形的拼花地板，牆上也有精美的嵌花圖案，一條長長的人龍就從面前延伸到下樓處的轉角，猜想便是那裡了，相傳耶穌誕生的馬槽。

我們跟著排隊下樓，呼吸空氣中瀰漫的燃香氣味，見地窖裡神父在一旁負責維護秩序，一群虔誠的教徒正在吟唱禱告，而於隊伍末端

的聖壇下方有個十四芒星，那是象徵耶穌誕生時十四顆星共同指向的位置。我觀察前方的教徒，將手撫在芒星上禱告的爲數不多，大部分人都直接俯身趴下、把額頭扣放到芒星上，甚至跪拜輕吻它，信仰的力量於此，時時刻刻都帶來衝擊。等終於輪到我時，我依樣畫著胸前十字，趁俯身時細看被磨到光滑的芒星，儘管上頭有些鏽蝕的黑斑，仍不減金色質地透泛出的輝光，匆匆一個最貼近神的時刻，感受到比較多的卻是來自窄小地窖內擠滿爭相拍照留念人群的熱氣，懷著朝聖者的心情來到這裡，結果發現自己竟是個再普通不過的遊客。

出教堂後，拐進面對廣場右邊的小巷子裡，再走一段就找到「牛奶教堂」，據說當年耶穌一家人爲了躲避猶太希律王的追殺而逃到這個山洞裡避難，當聖母瑪利亞在裡頭哺乳耶穌時，不小心將乳汁滴到地上，把四周的岩石都染成了白色而得名。走進洞穴深處，見到一位懷抱襁褓嬰兒的母親，正蹲在聖母瑪利亞哺乳的畫像面前喃喃禱告，動人的是她身子微傾環抱嬰孩的模樣簡直跟畫像如出一轍，「這孩子是聖誕節出生的。」她看著我說，臉龐洋溢著無比幸福的笑容。

最後，我們在距教堂不遠處一家賣橄欖木製品的店裡駐足許久，因爲老闆特別開放能眺望巴城全景的頂樓。只是這一望，最突兀的景色就屬那道驚人綿延的牆面。老闆拿出觀光地圖，分離牆在地圖上頭是條相加近十公分長的彎曲黑線，「走過去大概四十分鐘，很高大醒目，不難找。」他在上頭仔細標注從這裡走往分離牆的路，並一派輕鬆地說道，然而這座總長超過七百公里的八公尺高牆根本就不是什麼觀光景點，而是使看似比鄰而居的兩國，變成千里之遙的罪魁禍首。向老闆道謝告別之際，內心竟感到矛盾又愧疚。

> 那年冬天，子彈它給了你自由，沒了軀殼就活在人們心中，看著今天你會笑還是會搖頭？整個世界曾經都跟著你作夢，如今和平依然在歌曲裡頭，猜忌、戰火還跟著我一起生活。
>
> —五月天〈約翰藍儂〉

穿過你們穿不過的牆

依循老闆的指示，非常順利就來到分離牆面前，對街一群荷槍實彈的軍人開心問候，嘻鬧的孩子也跑來直指手中的相機、嚷著要照相，我們在分離牆旁愉快合照，照片裡的笑容也確實燦爛，但笑顏背後是否藏有許多不爲人知的無奈？並不曉得。

其實我不想問，更不願明白，因爲太害怕答案會讓人徹底心碎，會讓得以在邊境來去自如的特權變得可笑，讓來這裡的身分變得無地自容。雖然立國於起伏的山巒，卻被高聳的城牆給阻卻了一部分的風景，走在高牆底下，不知道該用什麼表情或姿勢來拍照，牆面繪滿宣洩心聲的諷刺塗鴉，上頭張貼的海報洋洋灑灑都是家破人亡的悲哀，一整面無聲的控訴沒有盡頭，簡直不曉得該用怎樣的心情繼續看下去。你們在令人絕望的欺壓下依舊日復一日地生活，我穿得過你們穿不過的牆，你們卻比我更懂得堅強。

猶太人憑藉強悍的民風和戰力，終於在流浪千年後回歸，卻讓原先居住在此的巴勒斯坦人流離失所，幾萬巴人就生活在這座被高牆圍堵的城市裡，過著以色列「次等公民」的生活，這塊原先流著奶與蜜的土地，在鮮血流灑四濺後，成爲滿載另一群人淚水的他鄉，以巴間恩怨情仇的複雜程度簡直不下海峽兩岸的歷史。

的確，在各領域出類拔萃的猶太人實在多不勝數，名單之長也是空前絕後，比如相對論創始者的愛因斯坦、著名電影導演史蒂芬·史匹柏、人稱「股神」的投資大師巴菲特，到近年火紅的臉書創辦人馬克·祖克柏。或許是顛沛流離的過去，才造就猶太民族抗壓的性格和團結的民族性，讓他們在生存競爭的逆境中脫穎而出，即使立國時間不長，對人類文明的貢獻卻功不可沒。有學者就曾認爲臺灣應以面對雷同國際態勢和外交困境的以色列爲學習對象，儘管同意也佩服，卻明白自己仍舊無法不去在意以色列風光背後的巴勒斯坦。

因爲今天是星期五，所以得趕上日落前最後一班公車回耶路撒冷。對猶太教徒來說，從星期五日落起到星期六日落的時間就是他們的「安息日」，是每週一天能放下工作，專心敬拜上帝的日子。在這整天時間裡，大部分的交通運輸都會停擺，商家也會關門，使新城區的街道變得寂靜冷清，徒留老城區熙來攘往的朝聖者依舊。

然而，我們卻一度找不著回以國的路，直至熱心的巴人微笑告訴我路該怎麼走，而那卻是他們自己所沒法走的路，明明就是回到自己的土地上，卻還要經過他人的重重盤問和阻撓，心裡又再次爲他們感到不平和委屈，但無論再怎麼試圖感同身受，終究只是個無能爲力的外來者。花上數分鐘的時間才繞完圍城的長廊、通過戒備森嚴的檢查哨，搭上回程公車時，我回望逐漸消失在夜色中的伯利恆，內心糾成一團打不開的結。來之前，總以爲被形容成「好戰分子」的巴勒斯坦人就眞的是個恐怖暴力的民族，但親自走一遭，人民熱情的引路和店家寬厚的招待，讓人覺得這裡不過是一處純樸可愛的小鎮，一處可以可以好好呼吸、好好吃飯、好好生活的地方，爲什麼會變成這樣？

那晚，又回到哭牆面前。週五晚上的哭牆，人們在廣場上舞動著、笑鬧著、旋轉著，那是場盛大的聚會，一群翩翩起舞、沒有束縛的靈魂更顯聖地的輝煌。我站在信仰彼岸，看不清眼前是愛抑或恨，以色列從苦難裡翻身，卻將自身的榮耀建立在他人的傷痛之上，如此作爲實在令人難以苟同，於是當下想都沒想，就在祈願的紙上寫下「世界和平」、摺好塞入石縫，以前總覺過於空泛的四個字，在這裡，卻是最眞實又迫切的想望。耳邊無端響起約翰．藍儂的反戰名曲〈Imagine〉：

「想像一下，如果這個世界上，沒有國家會怎樣？其實是有可能的，這樣就不用打戰，也不會有無辜的生命死去。如果世界上沒有宗教呢？想像一下，這個世界就眞的和平了，你可能覺得我在作夢，但我不是唯一作夢的人，希望有一天，你也能加入我們。」

他堅持自己所相信的，並試圖以此感動人，我也虔心祈求著一個沒有偏見忌恨的世界，相信我們眞的可以更好。

在世界另一頭與你相會

「嘿，Nir，你相信嗎？十二月底我會去以色列！」透過網路將難掩雀躍的心情送過大半個地球、重新和他聯繫上，腦海裡關於南美的記憶倏忽湧現，半年前才剛在秘魯的納斯卡小飛機上認識，連自己也沒料到這麼快就能再次相見。

他問我最近在忙什麼，我問他過得好不好，一抱怨起那架搞得我們暈頭轉向的小飛機，都會心笑了。儘管是同年次，我已念了五年的大學，Nir卻才剛成為大一新鮮人，除了以色列男性規定要服的三年兵役外，他還多當了一年兵賺旅費，隔年再出去一趟為期一年的南美旅行，休耕年（gap year）是以色列相當看重的成年禮，進大學前擁有獨自在外闖蕩的經歷在他們國家並非少數，相對於風氣還未興盛的臺灣，打工度假也只是剛萌芽的概念，Nir知道時非常驚訝。靜靜聽他說著開始被課業追趕的大學生活，其間還不時穿插過去豐富的社會閱歷，同時，也回想起自己那些能在一直向前的人生裡稍稍停下來看世界的時光，而感到相當幸福。「到的時候再傳訊息給我，開車載你們去兜風。」出發前和他約定好要見面，卻彷彿也要和半年前風塵僕僕的自己重逢一樣。

待在耶路撒冷的最後一天，已幾乎可以在腦海裡走出舊城的樣子，於是這天，我們決定往更南方去。有「地球的肚臍」之稱的死海，位在板塊交界的凹陷處，是地表的最低點，也是世界上最深、最鹹的內陸湖。在以色列濱死海一帶，其實有許多私人經營的高級海灘，但對經濟不那麼寬裕的背包客來說，搭乘從耶路撒冷南下的公車所停靠的一個公共海域「Ein Gedi」，才是眾多死海漂浮點中的首選，這裡的海域有救生員、有商店，還有只要兩塊以色列幣的洗手間和淋浴間。因此行適逢冬季，是以色列的觀光淡季，原先可以下到海平面的斜坡被鐵欄圍起，正在重新整建。儘管頂上的太陽不小，陣陣海風仍吹來令人打顫的寒意，我小跑步繞過被圍起的地方，由一旁陡坡下切至海岸線，蹲坐在沿岸的大叔朝我們揮手招呼，戀海成癡的他說今日的海浪並不適合漂浮。

「我一個禮拜至少會來死海三天，適合漂浮的日子就把靈魂都浸在海裡，不適合漂浮的日子就看海。」隨大叔的視線望向遠方海平面，碧瑩的水波盪漾，在陽光下折射出七彩豔影。富含元素和礦物質的特性令死海沿岸的淤泥成爲美容界的聖品，其所含鹽分的比例更比一般海水高上十倍之多，讓人可以自然漂浮在水面，也使大部分人對死海的印象就是橫躺在海上的經典姿勢。然而如果來這裡是爲了可以去角質的死海泥，大概要失望了，因爲此處屬岩岸地形，並非砂質海灘，尤其在淺灘處，或大或小的鹽晶點布在嶙峋的石岸上，層層浪花一下子就捲走拖鞋，徒留我赤裸的雙腳對抗結晶銳利的稜角。

甫浸到這個渺無生機的海水裡，毛孔立刻感受到一陣前所未有的刺澀，在往大海裡前進的過程中，我繃緊神經，特意壓低身段、放慢動作，稍用手掌在水底緩慢撥水轉彎，但因爲浪實在太大，總還是一不小心就吃水，那大概是重鹹拉麵湯汁濃縮到極致後，再添入稠厚苦味的感覺，嗆到口鼻的瞬間眞是痛不欲生。我試圖在繾捲浪花中維持漂浮在水面的狀態，卻發現想在浮力和捲浪形成的恐怖平衡中愜意捧起書本、拍張經典照並不容易，試了好一陣子，照片才終於得手。而後迫不及待踩上淺灘要走回岸邊時，竟不小心被一旁打上來的浪波及而失掉平衡，一個前撲使雙腳瞬間多了兩道鹽結晶的劃傷，當傷口被流滴下來的海水浸潤時，我聽見雙腳錐心刺骨的慘叫，此時終於懂爲何大叔今天只看海了。

午後，我們前往「猶太人大屠殺紀念館」，希伯來名「Yad Vashem」源自《聖經》：有紀念、有名號，意味深長的館名叫人不要忘卻曾經的遭遇。因爲「大屠殺」一字在古希臘語裡即是「宰殺祭祀用的牲畜」，而二次大戰集中營裡的猶太人就是被當作牲畜來對待，從來就只有烙印在手腕上便於管理的數字。寄放背包時，領到的一把取物用鑰匙上頭刻有代表紀念館「六盞燈臺」的特殊標誌，詢問之下才知道，正是爲了紀念亡命於希特勒大屠殺中的六百萬猶太人靈魂。

紀念館內共有十間展廳，每一廳陳列大屠殺的不同部分，蒐藏有照片、遺物、書信、影片及當時使用的器具，還有眼淚、控訴、痛苦、哀號和無數生靈塗炭的慘劇。當希特勒嫌槍砲和掩埋的屠殺方式太慢，而將毒氣室的恐怖念頭付諸實行時，那泯滅的人性不禁令人感到羞愧；種族主義推向極端的結果，就是成爲一齣種族滅絕的嗜血悲劇，那可悲的仇恨讓人幾乎暈厥。牆面的影帶中播映倖存者的現身泣訴，一旁的黑白相片裡則是成堆腐爛、被棄置在廣場的無名屍與我相對無言，眼前如同人間煉獄的慘烈畫面令人不寒而慄。每一句希特勒的喊話，都是猶太民族心中不可抹滅的痛楚，慘絕人寰的歷史和顛沛流離的過去在整間紀念館裡大聲控訴，我籠罩在一片納粹陰影下，壓抑得無法呼吸。

最後步出館前的右手邊，有處記載大屠殺受難者的圓頂資料庫，上頭是多不勝數的死者名字和容貌，立足於圓

頂之下，簡直沉重得說不出話來，「A country is not just what it does, it is also what it tolerates.」這句寫在入口轉角牆面上的話，在參觀的過程裡無時無刻不在心頭迴盪，如今，再也無法迴避這句話的意思。出館後，遠方的風景是耶路撒冷的舊城，應該感到相當熟悉的眺望卻覺得無端陌生，當視線逐漸模糊，才發覺自己竟然哭了。

「如果我們示弱，這個國家就會從世界上消失。」傍晚，Nir從特拉維夫開車來見我們時，神情嚴肅地解釋以色列人民在一片輕蔑和敵意中不輕易屈服的理由，而後駛向當地觀賞夜景的一處絕佳高地。一路上，聊以色列、巴勒斯坦，聊民族主義、宗教情懷，用理性訴說感性，用感性回憶過去，站上高地時，眼前是風清月皎下一片燈火輝煌的耶路撒冷。後來，在一處有即興演奏的古堡餐廳吃晚餐，我隨意點了道叫「Mujaddara」的阿拉伯菜，上菜後才發現裡面竟是棕綠色的豆菜混入藜麥（quinoa）拌炒，想起初識藜麥是在秘魯從 Maruha 媽媽手中接過的一把種子，它是安地斯山上印地安住民的主食之一，也是他們相當重要的經濟作物。口中咀嚼著南美旅行的記憶，話語裡盡是滔滔不絕的想念。

「Toda raba.」晚餐結束後，我給了 Nir 一個很深的擁抱，並用他教我的希伯來語說謝謝。倏忽半年過去，南美的日頭應該正烈，突然好想回到那架納斯卡小飛機上，再作一次重逢的夢。

染紅紅海

過了南部關口，就可以從以色列艾拉特（Eilat）跨進到約旦亞喀巴（Aqaba），因隸屬自由貿易特區的緣故，不僅通關免簽證費用，出入也相當快捷，從耶路撒冷搭巴士一路南下、準備離開以國時，還來不及在通關時好好向它道別，約旦端的海關人員就已經在親切地向我招手，這回的過境手續，前後只花了短短三十分鐘，就能直接用雙腳穿過邊境。

不料初抵約旦，因爲以色列的友善而鬆下戒心時，反倒給了進城的計程車司機狠削一筆的機會，重新回到搭車要討價還價並與司機確認再三的國度，又令人想起在印度街頭與車伕僵持不下的場景。此時心裡的不快只能用美食來宣洩，這晚，我們在亞喀巴街頭一處道地餐館享用當地節慶時宴客的佳餚：「Mansaf」，在弄得滿嘴難受的奶騷味後，觀察鄰桌的用餐方式才發覺不能單喝這碗用羊奶乾乳酪熬煮成的濃湯，要用烤餅包裹阿拉伯米飯和鋪於其上的肉塊，再沾Mansaf一起吃，才能吃出它獨特的風味。

隔天，坐在蓋成海上碉堡模樣的旅館頂樓，數著遠處紅海海面隱約可見的船隻，從印度洋吹送過來的海風拂面，將握在手中的黑摩卡一口飲盡後，便不再去在意昨日是否又被多收了錢，或這些天是不是又晒得更黑等諸如此類的無聊煩惱。紅海的「紅」字來源衆說紛紜，有人說是海裡季節性出現的大片紅色藻類，也有人說是周圍環繞的紅岩山脈，無論如何，當這個絲毫不陌生的名字躍然眼前時，它其實是一片深邃又醉人的蔚藍。這個四千年前形成於非洲大陸和阿拉伯半島間一處幾乎封閉的熱帶海域，如今分屬約旦、以色列和埃及共有，本身鹽分高又多風的特性使它成爲衆多水上運動愛好者的天堂，也是世界級的潛點之一，當初會把亞喀巴排進行程，就是爲了來這裡一睹紅海的風采。

雖然沒有經驗，還是報名了旅館的潛水活動，因爲如果來到紅海不試著下水，簡直就辜負了造物者的一番美意。十點出頭搭船出海，一群人就在海上聆聽教練講解水中溝通的手勢和如何呼吸、排出耳壓的竅門，抵達當天的潛點後，便在教練的引導下，學習成爲一條路過紅海的魚。初次深潛的心跳加速消散了冬季海水的寒意，幾次意外的吃水後終於習慣水壓，能夠睜眼好好欣賞穿梭四周的魚群和腳底瑰麗的珊瑚，儘管都說不出名字，在湛藍的世界裡遊走本身，就足以令人屏息，這片迥異於陸地的景致，使我當下立刻決定回國後要延續這份海底世界裡的驚奇。

上岸後，還陶醉在方才的五光十色，直到旅伴大聲驚呼，才意識到小腳趾不知何時被削掉一塊肉時而開始感覺到痛，結果這個痛不只一時之間無法消散，還陪我走完剩下的旅程。後來，沒法上去的山頂，旅伴幫我把風景蒐羅進相機；沒法走到的遠方，旅伴也幫我帶回第一手的現場，如同一路走來曾經同行的朋友一樣，每次的旅行都因爲有他們相伴，才得以變得完整。其實獨自或結伴旅行各有各的好，前者有獨自一人的樂趣，但也會遇到必須把偌大行李帶進狹窄廁所裡看顧的不便，或在街頭恣意走逛時，仍要注意四周動靜的提心吊膽，後者則有相互照應的心安，卻也容易忘記出門旅行是要和世界交流的本意，再者，能找到一位志趣相投的旅伴實在難得。於我，獨自一人或結伴同行終究不是決定是否旅行的要件，而是在決定旅行後增添美好時光的一種選擇。

我帶著纏裹紗布的腳趾，前往向北的下一站，瓦地倫（Wadi Rum），名字的意思是「酒紅色的山谷」。

瓦地倫最出名的人物非「阿拉伯的勞倫斯」莫屬，相傳當初他不僅帶領整個阿拉伯部族穿越大家都認爲不可能穿越的沙漠，突襲被鄂圖曼帝國軍隊占領的亞喀巴並打了勝仗，使他聲名大噪。造訪瓦地倫沙漠有多種行程可供選擇，我們參加的是兩天一夜的吉普車之旅，整天下來，司機大哥載

我們橫越了大半個沙漠，從勞倫斯之泉、布爾達岩橋參觀到遊牧民族納巴提人（Nabataeans）在牆上留下的壁畫，但期間只要朝拜麥加的時刻一到，他就會不吭一聲地拋下我們，兀自一人蹣跚步行到一片荒蕪中央，雙膝跪地、虔誠叩拜，事後好奇問起他如何能在瀚漠中得知眞神方位，司機大哥指向太陽一副理所當然的模樣，至今，我仍舊對那個拜倒在滾滾黃沙中的身影難以忘懷。

每到一處景點下車後，淹沒在緋紅壤石裡的雙腳在烈日的照射下都會有燃燒融化的錯覺，尤其是小腳趾還會嚴正抗議。於是後來的幾個定點參觀，索性就和一群貝都因人圍坐在帳篷下偷閒、喝香料茶，試圖用表情揣摩交談內容不成，便端詳起他們的紅白方格頭巾和黑色圓箍，其中一位大叔大概見我興味盎然，二話不說就爲我用阿式纏法戴上頭巾，我不禁開心笑了，他更是滿意笑開懷。

貝都因人（Bedouins）在阿拉伯文的意思是「荒原上逐水草而居的人」，沙漠中艱苦的生活起居養成了他們吃苦耐勞、豪放不羈和嚮往自由的性格，駱駝則是最重要的資產。他們的熱情好客在初次見面就令人留下深刻印象，後來到了佩特拉（Petra）認識更多的貝都因人後，簡直被這個民族深深吸引。晚間抵達過夜處時，竟出乎意料的失望，整處休息區像是直接把餐桌和床搬進搭建在沙漠裡的鐵屋，有水、有電還有沖水馬桶，滿地科技出沒的痕跡讓遊人走不出世俗的紛紛擾擾，印象中的沙漠似乎應該更純粹才是。儘管落日照耀的豔紅山谷不失分毫姿色，沙漠裡全無光害的滿天星空依舊，睡在鐵屋裡的經驗卻讓瓦地倫的美多了一分庸俗。

小姐，妳的東西掉了！

離開沙漠後，我們驅車往位在約旦中部的古城佩特拉，這個此行中最令我引頸期盼的地方。曾因是遠古時期的通商要道而極盛一時，也曾在一次劇烈地震後就消聲匿跡，歷經數百年的寂靜，才又在考古學家的意外挖掘之下再次重現世人面前，直到印地安納・瓊斯在《聖戰奇兵》（Indiana Jones and the Last Crusade）中到此尋找傳說中的聖杯，它開始受到關注，當之後《變形金剛》裡六位至尊金剛也被埋藏在這座玫瑰色墓地時，更是吸引各地朝聖者前來一探究竟。

至今，關於納巴提人建造這座古城的時間點仍是個謎，隨著遺跡一處處被發掘，那些規模雄偉、巧奪天工的墓室、宮殿、神廟和劇場，令人不禁對這段隱身在沙漠峽谷間的輝煌歲月充滿無限想像。佩特拉在希臘文裡代表「岩石」，一方面是因爲陸續出土的遺跡大多都被刻劃在岩壁上，另一方面也是因爲整城獨特又醒目的紅色砂岩，世人還予以「玫瑰城市」這個遠近馳名的美稱。

次日一早，和腳程快的旅伴約定好傍晚碰面的時間後就各自行動。從入口處進去不久，我越過偌大的馬棚和四處招攬旅客騎馬代步的貝都因人，穿越黃土碎石的大道，來到「蛇道」入口，也是通往佩特拉古城中心地帶的唯一通道。地殼變動錯置了岩層，如今這個蜿蜒蛇道最狹窄之處只有兩公尺寬，與兩側直入天際的岩牆簡直不成比例，沿途上，會發現岩壁上不少向內凹陷的城門痕跡和遺留在轉角處的石窟洞穴，也會和穿梭的駱駝、馬車擦身，見他們載著遊人的驚嘆揚長而去。我時而走在古羅馬時期留下來的石板路上，時而沿亙古以來修築在兩旁的引水渠道前行，初極狹，纔通人，復行數十步，又豁然開朗，每每在眼前展開的峻峭山谷，都教人爲之震懾。從連綿岩壁間灑落

的金光，照亮了上頭流水侵蝕的痕跡還有來自遠古的嘆息，漫步於整城難得有遮陰的地方，看殘存在路旁騎乘駱駝的商人雕像，遙想當年絡繹不絕的商旅和曾經的繁榮昌盛，整座覆上金黃薄紗的古城溫柔而神祕。

不知跋涉了多久，忽然間，鼎鼎大名的宮殿就在一陣蜿蜒後戲劇化地出現在不遠山壁的夾縫中，遠觀這座超過兩千年歷史的「卡茲尼神殿」，像座被完美無瑕嵌進岩壁的神祕宮殿，是光線折射下的奇異幻境也好，是沙地瀰漫熱氣中的夢境也好，任誰步行到此，一定都會不自覺停下腳步，我就這樣跟著一群遊人呆立在這個超現實的場景面前啞口無言。神殿前方是個依山鑿建出的廣場，此處既是成群遊客瘋狂拍照留念的據點，也是販賣紀念品商人聚集兜售的地方，而我卻只是靜靜站在那裡，爲玫瑰紅神殿所散發出的迷人光采神魂顛倒。

儘管前面這段路，是昨日傍晚抵達佩特拉時就先來走過的，它的容貌卻會隨不同時辰變化萬千，今早再次探訪時，驚嘆都還在，感動也都還在。

之後繞行到神殿後方繼續向前，沿途兩旁盡是先民居住的洞穴和死後埋藏的墓窟，陽光隨時間接近正午時分灑落得更多，也才發現原來佩特拉的色彩遠比玫瑰紅還要來得多姿，以沉積岩爲主堆疊形成的懸崖絕壁，上頭或直或彎、或波浪或螺旋的紋理線條因含有大量珊瑚成分，而在陽光的照耀下呈現亮黃、橘紅、淡藍和粉紫爭相齊放的絢麗姿態。最後來到一處有羅馬列柱的寬闊大道，這裡聚集了十幾條可以通往山上規模更盛大的神殿和墓穴的步道入口，尋幽訪勝了大半天，深入佩特拉城的探險其實才正要開始。

往山頂的方向續走，耳邊傳來更多招呼騎驢的聲音，而這些貝都因人都有雙畫著粗黑眼線、像

《神鬼奇航》裡船長的明眸大眼，「Donkey, Mercedes, Ferrari.」一聲聲幽默的叫嚷：「Taxi, taxi, air condition.」若見你不爲所動，就開始發揮友情價、流血價的說情攻勢，或使出大絕招：「很遠走不到」的要脅，此時，我的腳趾在經過半天碎石路的蹂躪後又開始隱隱作痛。

「小姐，妳的東西掉了。」本想咬牙續行，聽見這句話時趕緊停下來四處張望。「妳的心掉了。」一個貝都因小夥子看著我咧嘴笑，如此精湛的話術令人想不臣服也難，眼前的男孩看上去不過十幾歲，卻感受得到他在遊客間打滾許久的老道經驗。仗勢自己有理由花錢騎驢，一方面也在想或許能夠透過這樣的機會更認識貝都因人一些，幾番交涉後，坐上由Mohammed牽行的毛驢，往山頂去。

越往深處走，路途越發陡峭，據說這條路若用走的，來回就必須花上至少七、八個小時，當驢子奮力爬上一階又一階似乎綿延不絕的石梯後，我開始慶幸自己有花錢雇驢。雖然驢身不高，但當一旁就是深不見底的峽谷，又要與迎面而來一隻滿載貨物的毛驢錯身而過時，我總忍不住發出陣陣驚呼，此時被逗得咯咯笑的Mohammed就會拍胸脯保證不會有事。我們一路有一搭沒一搭地聊，他簡單介紹沿途的遺跡風景，說他一口流利的英語都是跟觀光客學的，教我指示毛驢前行和叫停的口哨，更多時候，是聽他述說住在這片山城壁穴裡的春花秋月和冬暖夏涼，當暮色來臨、遊客都離去時，貝都因人就成了佩特拉城裡唯一的居民。

山頂的修道院是整城的最高點，也是佩特拉裡規模最大的遺跡，告別Mohammed後，我獨自一人沿「可以看見世界盡頭」的指標向上走，最後來到一個居高臨下、俯瞰下方巨石山坳和回首來時路的懸崖，此時四周杳無人煙，獨留我在一片天地蒼茫之中，彷彿只要待得再久一些，就會被世界盡頭的孤寂吞噬，我坐在山頂吹風發愣，想著Mohammed說過的話。

從修道院緩步回中央市集時，在衆多千篇一律兜售磁鐵、沙畫和明信片的攤位中，被一處張貼泛黃報紙、上頭寫著斗大標題「嫁給一位貝都因人」的攤位吸引了目光，走近些看，原來賣的是書，書名就是《Married to a Bedouin》。書內大抵在敘說一趟再平凡不過的約旦之旅，在學習怎麼餵養驢子，又怎麼在星空下的石穴裡入睡的過程中，發展成爲一位紐西蘭女人嫁給貝都因男人的浪漫故事，「喜歡我的故事嗎？」老闆娘突然的問話嚇了我一跳，原來眼前這位戴著眼鏡、金色頭髮裡摻有花白髮絲的女子就是作者。這份如今看來令人敬佩的勇氣，在過去應更是天理難容的舉動吧。不禁想起方才 **Mohammed** 誠摯的告白和來日再見的邀約，心裡其實也有一度想跟他回居處一探究竟的衝動，當貝都因人認定你是朋友後，就會用一片誠心待你的眞心其實相當令人著迷，但我終究還是沒有她的勇氣，只把曾經交會互放的光亮，永久留存在這座玫瑰色的山谷中。

走逛之間，不禁覺得整座古城簡直像部精采絕倫、毫無冷場的電影，不到最後不會知道下一刻會發生怎樣的驚喜，但疼痛不堪的腳趾迫使我放棄前方更多的祭壇和神殿，只好坐到高處，用雙眼蒐羅附近的其他景點。直至夕陽西下，才不捨地往外走，出了城門後，趁和旅伴碰面的時間還未到，至近處的街上逛逛。

「嗨，妳從哪裡來？」當駐足在一家門口擺滿沙瓶畫的店家面前，一位年紀與我相仿的男生正在店門口作畫，他抬起頭看見我，便微笑問道：「有沒有興趣？我可以教妳。」沙瓶畫是約旦街頭最大宗也最有特色的紀念品，而其最爲人津津樂道的便是那些技術一流的貝都因人可以爲客人製作他們想要的圖樣。眼見還有時間，便坐下來跟他學，一來一往間很快就與幽默的他聊開，打成一片，他還輕柔地爲我的眼周畫上貝都因式的眼線，說這些黑色墨料是阻擋沙漠在豔陽下熾烈反光的最好

方法。後來，他趁領我參觀店鋪後頭的家時說喜歡我，希望我可以爲他停留。

但，和旅伴約定的時間終究是到了，我像跟著那隻西裝筆挺、行色匆匆、不時停看手中懷錶趕時間的兔子、奔走離去的愛麗絲，只是，早已分不清究竟哪次是在現實的河畔中醒來，又哪次是再度掉入仙境裡夢遊。

作別千年的尾聲

傍晚再度回到安曼後，旅程已接近尾聲。坐在當地的速食餐廳裡，我們一口一口愼重地吃著由阿拉伯大餅包裹的烤肉，試圖用約旦街頭隨處都是的平民美食「沙威瑪」，爲這趟中東行劃下一個最道地的句點。明明還沒離開，卻已懷念起前方是希伯來文叫賣聲、後頭是鼎沸阿拉伯人聲的市場，懷念起左邊是頭包布巾的穆斯林女生、右邊卻是頂著小圓帽的猶太大男孩的電車。當晚收拾完行李，才發覺還有滿溢的情緒被遺落在背包外頭，沒和旅伴說太多話，很早就躺上床，盼望能在夢境裡回到千年以前的古城、回到浩瀚無垠的荒漠、回到烈浪拍打的海岸，回到一片神奇的天空之下坐看雲起時。

翌日的晨起，我足足在床上滾了三十分鐘仍不願起身，每到旅行的最後一天，都又回到了生活的模樣，那份直到陽光從窗戶露臉進來叫喚時，還把頭縮進棉被的任性。在拖拉的梳妝和旅伴的催促下，終於要啓行前往位在安曼北方大約一小時車程距離，素有「東方龐貝」美稱的古城「傑拉什」，同時也是旅程的最末站。

本仗勢著「去不成也是旅行的一種」的傲氣，但在空蕩蕩的公車站見其他遊客陸續臣服於四周虎視眈眈的計程車司機時，漸從理直氣壯變成坐立難安，直到望穿秋水之際、公車緩緩駛進站來才鬆一口氣，沒想到在候車亭這一等就等了將近兩個小時！甫一上車便襲來昏沉睡意，再醒過來時，已將入城的門票給拿在手上了。跟著人群穿過入口處的拱門，旋即映入眼簾的是可以容納千人的大型賽馬場，越往城內走，沿途是越發遼闊壯觀的古蹟群，中央大道上兩排巨大的廊柱羅列延伸向遠方，使我得以佇立在千年的廢墟中遙想羅馬帝國時期的豪邁氣派，亞特米斯神殿上的擎天巨柱，則在一旁山頭見證歷史的興盛與衰微，腳下踩過凹凸不平的石板路面，上頭偶可見車輪磨過的痕跡，大部分則已在歲月的淘洗下變得十分光滑，時至今日，那雄偉富麗的圓形露天劇場每逢夏季仍會飛揚歌劇的樂音。雖把古蹟一個看過一個，但其實自佩特拉回來後，對這座古城已有點曾經滄海難爲水的心不在焉，走到最後，幾乎呈放空狀態。這天的天空很灰，古城的白石和飛砂在霧茫茫一片裡顯得有些滄桑，想著凌晨就要歸國的班機，對這穿越千年的兩週感到如夢似幻。

由於一早的前車之鑑，當天八點多就回到旅館背好家當、準備前往機場，仍堅持搭公車的原因一方面是省錢，另一方面也是不想在離去前的最後一刻徒留一番討價還價的悻悻然。

「你們搭幾點的飛機？」到櫃檯準備退房時，竟遇見昨晚重回安曼時共乘計程車的日本大叔，

「凌晨一點。」我答道。

「那要不要一起搭？我已經叫好一輛計程車了。」我們掏出口袋裡預留給公車爲數不多的紙幣，面露難色。

大叔見狀大笑：「別擔心錢，已經付完了，況且緣分是不能計價的呀！」

在檯前的桌椅坐下，旅伴拿出他買作伴手禮的約旦甜點和大叔分享。言談間得知這趟爲期五天的旅行是他繁忙公務中的喘息，而後一路聊到機場，才依依不捨地向他道謝告別，當準備通過海關時，迎面走來的竟是在瓦地倫同車的捷克人，於是立刻上前給彼此一個擁抱。一路上的緣分像是散落在大千世界裡的吉光片羽，那些能再度拾起這些片段的偶然，就是這個世界最令人留戀的原因。

坐上午夜的飛機，我朝下方灰白色調的安曼輕輕揮手，作別千年。

這趟旅程走到最後，心裡竟隱隱然覺得「夠了」，既不是看夠了，也絕非見多了，而是因爲經歷了、感受了，然後有了自己的感想放心中，所以當一時之間旅程中的所有都湧上心頭時，發覺心中超越負荷的想法需要更多的停格來消化反芻。中東是個會令人思緒飛揚甚至無端落淚的場域，來到這裡之前，從沒想過宗教間的衝突會在穿過城牆的步伐裡喧嘩，民族間的

怨恨會在哭牆面前留下的淚水裡和解，文化間的光采會在一期一會的笑顏中奔放、交融。旅程中，見生命殞落猶如歷史上稍縱即逝的繁華世代，脆弱得不堪一擊，卻又強健如高聳城牆內不屈不撓的民族性格，可以度過疾風勁草的考驗，當長大後面對太多約定俗成的價值觀和自我催眠的目的性，我幾乎忘了「做自己」才是對強健又脆弱的生命最好的交代。

回國後，攤開報紙時會不由自主先翻到國際版面搜尋你們的身影，打開電視時也會更加習慣關注新聞裡任何關於你們的風吹草動，明明害怕再聽見你們的消息，見你們又獨自承受更多的悲傷與憤怒；卻更害怕聽不見你們的消息，使我無法再陪你們一起迷惘、一同流淚，然後往更好的方向去。儘管如今只能遠望，心裡卻要一直和你們站在一起。

而今每當回憶起一些畫面、想念起一些人，又試圖把路上的一些什麼給記錄下來的時候，書寫的過程好像一直在對自己喃喃自語，又彷彿在聽一個認識很久的老朋友說故事，但我從不知道，原來她是個有這麼多故事的人。曾經，一個背包是我所有家當，曾經，一碗飯就是一餐；曾經，萍水相逢裡有我最誠摯的問候，曾經，一期一會的友誼就是人生中最溫柔的掛念。這些曾經，都隨時間被沉澱在生命的長河裡，成為一輩子最深刻的滋養。

卷尾——醫院裡的旅行家

拎著旅行用的盥洗小包進到廁所，轉身拉上淋浴隔簾，在只容兩人轉身的空間裡洗一場痛快的熱水澡，總是旅行時整日磨損下令人期盼的新生。然而，醫院公務機偏又再次挑在水龍頭才剛被扭開時響起，驚擾旅行的清夢，不得已匆匆洗過後便趕緊換上褪色的值班服，喃喃複誦方才電話那頭交代的病人床號，踩著還未乾的便鞋，啪搭啪搭穿過深夜寂寥的地下長廊。那長廊，終日明亮如永晝的極地，空調也始終如一地吹送，像在試圖維持我們對工作的恆溫。待事情處理告一段落後，回到擁有四人睡鋪的值班室，房間格局像極旅行時多半會選擇過夜的多人房，因此在醫院值班的很多時候，都令我以爲自己在旅行。

作家村上春樹曾說：「旅行這種事大多是相當累人的。不過有些知識是疲累之後才能親自學到的，有些喜悅是筋疲力盡後才能獲得的。」記得在產科實習時，我常必須忍住將三更半夜裡響起的公務機往牆上砸去的衝動，迅速奔入產房迎接劃破緊繃氣氛的一聲響亮啼哭，然而在看見被抱擁懷中的生命由發紺漸轉紅潤的當下，都會覺得從熟睡中起身慶祝生命的神奇和歡愉，彷若健行四天過後於翌日清晨站上馬丘比丘時的熱烈，儘管極端疲憊，卻值得一再地起身前去。即使在日復一日繁忙的醫院生活中，仍不時會映照出旅行時的風景並再現感動。

我想，醫院的天花板若能在白天透進陽光、夜裡看見星光的話，工作就更像旅行了吧。

前些時候，有篇被分享在背包客棧的文章〈旅行，不會使我們變成超人〉，獲得熱烈迴響，老實說在旅行的日子裡，有陣子還眞覺得自己是超人。猜想文章裡的超人，應是指在庸庸碌碌的現實裡、掙口飯錢的能力超群，然而一趟遠行過後，腦海中注入的是職場以外的風景見識，記憶

裡添上的則是別於醫學的珍貴彩頁，我逐漸發現，對我而言的超人，是覺得自己又變得更加開闊、更加喜歡的樣子。在旅途中的挑戰裡變得堅強，而堅強，會不會是熬過一個又一個值班夜的利器？在旅程裡的孤獨中更加獨立，而獨立，會不會是相信自己在要負責好幾床病人時可以勝任的信心？在一次又一次的旅行過後，學會用更溫柔的眼光看待世界，而溫柔，會不會是對懷有各式背景的病人擁有一顆能夠同理的心？又會不會正因爲如此，我離職場超人更近了些呢？

上路以後，才發覺醫院僅僅是我一半的天空，另一半，在醫院外頭等我。

國家圖書館出版品預行編目資料

上路以後，我決定信仰旅行 / 林珈辰 著. -- 初版. --
臺北市 : 華成圖書, 2016.1
面 ; 公分. --（閱讀系列 ; C0346)
ISBN 978-986-192-268-3(平裝)

1. 旅遊文學 2. 世界地理

719　　104024292

閱讀系列　C0346

上路以後，我決定信仰旅行

作　　者／林珈辰 著

出版發行／華杏出版機構
華成圖書出版股份有限公司
www.far-reaching.com.tw
11493台北市內湖區洲子街72號5樓（愛丁堡科技中心）
户　名　華成圖書出版股份有限公司
郵政劃撥　19590886
e-mail　huacheng@farseeing.com.tw
電　話　02-27975050
傳　真　02-87972007
華杏網址　www.farseeing.com.tw
e-mail　fars@ms6.hinet.net
華成創辦人　郭麗群
發 行 人　蕭聿雯
總 經 理　熊 芸
法律顧問　蕭雄淋・陳淑貞

總 編 輯　周慧琍
企劃主編　蔡承恩
企劃編輯　林逸叡
執行編輯　袁若喬
美術設計　林亞楠
印務專員　何麗英

定　　價／以封底定價為準
出版印刷／2016年1月初版1刷

總 經 銷／知己圖書股份有限公司
台中市工業區30路1號　電話　04-23595819　傳真　04-23597123

讀者回函卡

謝謝您購買此書，為了加強對讀者的服務，請詳細填寫本回函卡，寄回給我們（免貼郵票）或E-mail至huacheng@farseeing.com.tw給予建議，您即可不定期收到本公司的出版訊息！

您所購買的書名/______________ 購買書店名/______________

您的姓名/______________ 聯絡電話/______________

您的性別/□男 □女　　您的生日/西元______年____月____日

您的通訊地址/□□□□□______________

您的電子郵件信箱/______________

您的職業/□學生 □軍公教 □金融 □服務 □資訊 □製造 □自由 □傳播
□農漁牧 □家管 □退休 □其他

您的學歷/□國中（含以下） □高中（職） □大學（大專） □研究所（含以上）

您從何處得知本書訊息/（可複選）

□書店 □網路 □報紙 □雜誌 □電視 □廣播 □他人推薦 □其他

您經常的購書習慣/（可複選）

□書店購買 □網路購書 □傳真訂購 □郵政劃撥 □其他______________

您覺得本書價格/□合理 □偏高 □便宜

您對本書的評價（請填代號/ 1. 非常滿意 2. 滿意 3. 尚可 4. 不滿意 5. 非常不滿意）

封面設計______ 版面編排______ 書名______ 內容______ 文筆______

您對於讀完本書後感到/□收穫很大 □有點小收穫 □沒有收穫

您會推薦本書給別人嗎/□會 □不會 □不一定

您希望閱讀到什麼類型的書籍/______________

您對本書及我們的建議/

廣 告 回 信
台 北 郵 局 登 記 證
台北廣字第000526號
免 貼 郵 票

華杏出版機構

華成圖書出版股份有限公司 收

11493台北市內湖區洲子街72號5F（愛丁堡科技中心）
TEL/02-27975050

（沿線剪下）

（對折黏貼後，即可直接郵寄）

本公司為求提升品質特別設計這份「讀者回函卡」，懇請惠予意見，幫助我們更上一層樓。感謝您的支持與愛護！

www.far-reaching.com.tw 請將 C0346 「讀者回函卡」寄回或傳真 (02) 8797-2007